INK

INK

INK INK INK INK INK INK INK
INK INK INK INK INK INK
INK INK INK INK INK INK INK
INK INK INK INK INK INK
INK INK INK INK INK INK INK
INK INK INK INK INK INK
INK INK INK INK INK INK INK
INK INK INK INK INK INK
INK INK INK INK INK INK INK
INK INK INK INK INK INK
INK INK INK INK INK INK INK
INK INK INK INK INK INK
INK INK INK INK INK INK INK
INK INK INK INK INK INK
INK INK INK INK INK INK INK
INK INK INK INK INK INK
INK INK INK INK INK INK INK
INK INK INK INK INK INK
INK INK INK INK INK INK INK
INK INK INK INK INK INK
INK INK INK INK INK INK INK
INK INK INK INK INK INK
INK INK INK INK INK INK INK
INK INK INK INK INK INK
INK INK INK INK INK INK INK
INK INK INK INK INK INK
INK INK INK INK INK INK INK
INK INK INK INK INK INK
INK INK INK INK INK INK INK

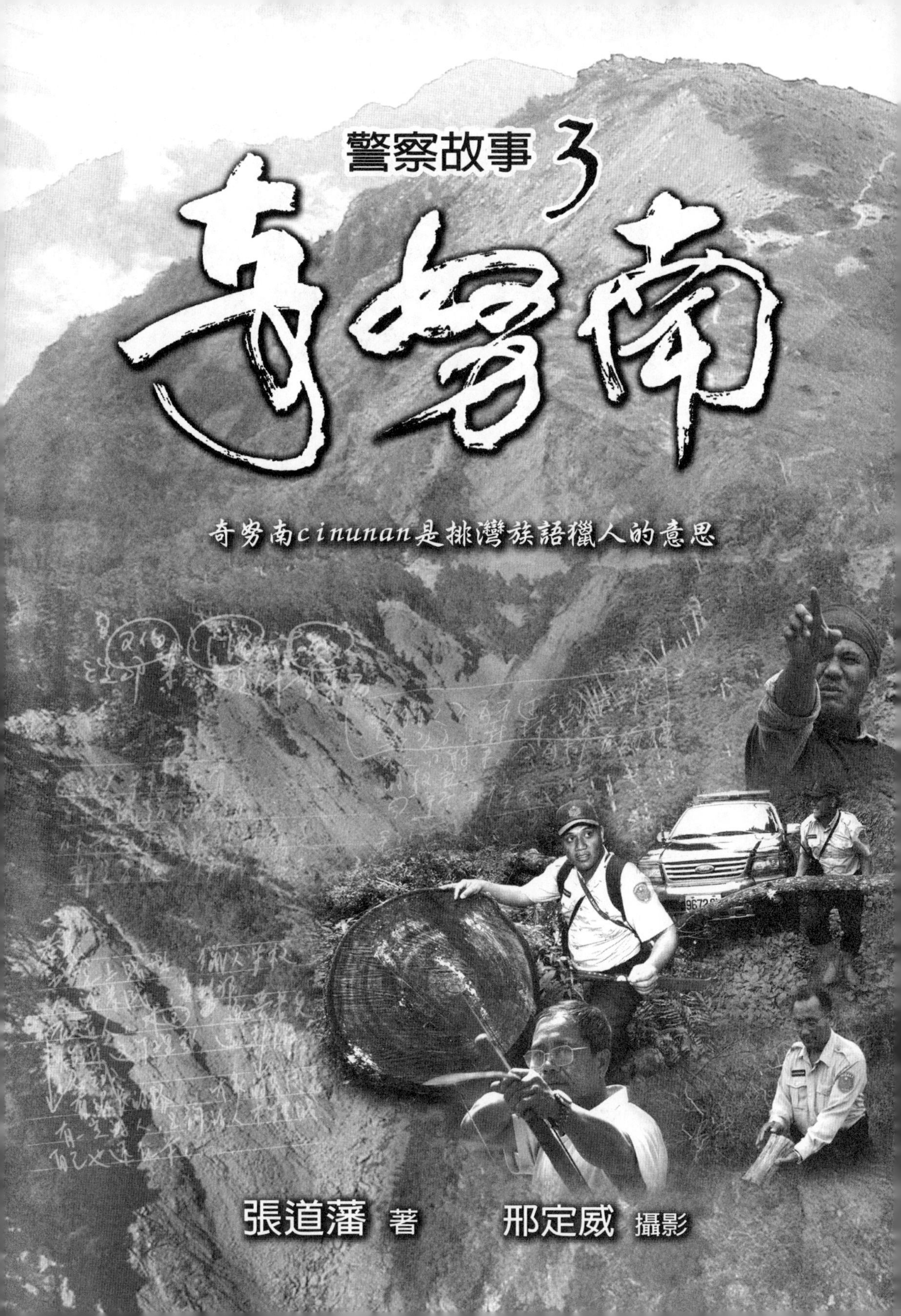

警察故事3 奇努南

奇努南cinunan是排灣族語獵人的意思

張道藩 著　邢定威 攝影

開卷

奇努南（cinunan，是排灣族語「獵人」的意思）

獵人本質真正的意義 不是在狩獵
而是一個自然與土地的溝通者
是能聽得懂土地和自然語言的人
他們是能力 武功 智慧 豐厚的象徵
沒有自私和利益 最知道分享和共享的人
追蹤 辨認 意志的冷靜 果斷 是獵人應有的本能
而孤獨和寂寞是獵人精神和力量的最大來源
要學做一個好獵人 就要學會等待的耐性
所以學習成長追求知識和智慧 是獵人必需的課程

屏東縣獅子鄉公所提供
■ 雕塑人：楊浩

創新的警察精神

書名取為《奇努南》，是故事中主角多為原住民警察，成長的山林孕育出他們對大自然的濃厚情感和力量，成就了他們今天的警察志業。他們從小就和父親在森林中行走，如果不當警察，他們都是山裡和部落中的出色獵人。

大自然和老祖先們，給他們傳承的知識教誨，讓他們擁有平地人沒有的「獵人性格」，是一種與自然共存法則，與大自然萬物妥協，對人、動、植物的尊重，和共同分享。

從事警察工作後，他們捨棄獵人身分，保留獵人性格，成為守護大自然的警察，把從自然中取得的日月精華，用心在警察工作上實踐發揮，開創出不同蹊徑，在生活和工作圈中取得共鳴。

最可貴的是，他們都找到了生命的主體性，體會到警察的創新價值，把它擴大出去，影響周圍的人事物。他們用執行力，生出影響力，帶給更多人快樂、幸福和美好生活環境，也幫更多人重新找到自己的生命價值，這種精進精神，就是「獵人精神」，是目前我們最需要的精神動力和生活智慧哲學，也是普世的價值。

故事中主角以獵人冒險和挑戰的精神，做好警察工作，開創出人生不同的面向，我稱他們是「獵人警察」。我試圖藉著獵人精神，來詮釋「新時代警察」所須具備的風貌、智慧、態度和精神，建構出警察新的生命力和創新價值，這也是現代社會所應具備的核心價值。

警察故事3

推薦序一

人生的美麗新境界

成中英

我認識張道藩是我回到台北為「國際東西大學全球領袖管理學院EMBA班」同學上課的期間。他是學院二〇〇六年的新同學，非常認真的學習學院新開的課程。

在做自我介紹的時候，他告訴大家他是一名新聞媒體專業工作者，他採訪過傷亡員警的家庭，為員警敬業奉獻的勇氣，以及為社會犧牲的精神所感動，覺得一般社會對員警的領導能力，和冒險患難的精神瞭解得太少，因而寫了第一集，有關員警領導人格培養的故事，第二集是有關員警家庭承受犧牲的故事。

這兩本警察故事的書都非常暢銷，顯然張道藩的報導文學是非常成功的。他能用令人感動的筆法，寫出本來就令人感動的故事。現在寫他的第三集警察故事——五篇具有高貴獵者風範的警察故事。

我發覺到張道藩的報導文學有一個特色：他的描述很客觀，但卻很細膩，能夠把握敘事重點，突出人物的內在豐富感受。更重要的是，他能發掘當事人物堅韌的奮鬥歷程，透顯出人性善良的光輝。

因此讀他的故事就能感染到，作為員警，身在其境的心路歷程。每一個員警的生活遭遇和歷程都不一樣，但他們的生命旅程，都指向一個正面積極的人生價值。這些價值包含了：超越苦難的自信、從勤勞堅持中獲得的激勵、在使命追求中的安穩、工作操練開發的智慧與知識、在簡樸生活中體現的領導才能、鍥而不捨的學習精神、對先輩生活經驗的傳承。

張道藩能夠在他細心的觀察中，總結八位卓越警察的性格與文化氣質，可說感覺敏銳、體會深厚，為的是說出真實的人生，平凡真實人生中的不平凡與超凡。他成為了一個好的作家。他說：「我觀察後發現，故事主角雖然年齡不同，但都保有很多的可能性，個個保持青春和活力，未喪失年輕時的天賦。他們對事情保持新鮮好奇，保持赤子之心和戰士般的勇氣，願意冒險和尋找樂趣，願意在失敗後再來一次，找出他們最擅長的工作，而這也是最令人振奮的事。」

張道藩的寫作已經有了一定的成功，《警察故事三——奇努南》這部書將獲得更大的回響和成功。他將成為一個受人尊敬的作家。我為他的成功感到非常高興，我也為他是國際東西大學的傑出學員而感到高興。國際東西大學已經培養出許多知名的社會及企業人士，但有像張道藩這樣，富有道義與情感的作家，是大學與學院的榮幸與驕傲。

寫到這裡，當然我也一定要提一下，我對張道藩更深一層的理解：由於他感染了一個成功員警的高貴氣質，他進入了全球領袖管理學院，是要進一步探求一個領導者的領導能力如何形成，他要進一步認識一個現代人，應如何嚴格要求自己與磨礪自己，如何警惕變局以應變，卻又如何堅守原則以挺立，如何做出正確的決策與行動，以完成任務與使命。

全球領袖管理學院陳清祥處長，深知張道藩的才華與能力，特別向我推薦張道藩，要我為他的新書寫序，我欣然應允，樂而為此序，藉以表達我的激賞與鼓勵。

寫於美國檀香山　二〇〇八年十月二十五日

本文作者為台灣大學前哲學系主任、美國哈佛大學專業哲學博士、美國夏威夷大學講座教授、美國國際東西大學創校人、教授。

公義慈懷仁民愛物的行道者

王卓鈞 警政署署長

作者張道藩先生長期從事新聞工作，尤其長年採訪警政新聞，對警察有很深的感情與瞭解，亦為我個人多年好友，曾撰寫兩本警察故事，發掘諸多警察人物成長奮鬥歷程與犧牲奉獻的感人故事，讀之十分令人感動與激勵！

此次道藩兄更長期深入偏僻的台東原住民部落，以原住民部落與警察人物為背景，與基層原住民警察一起生活與工作，進行深入觀察原住民的生活文化與貼身採訪基層員警生活與工作經歷，將更能忠實反映基層原住民警察的人生態度、工作理念與對原住民族群文化的關懷。

書中記述的故事主角都是在偏遠地區服務的基層警察同仁，都是芸芸眾生的小人物。他們在未受注目的深山部落與偏僻高山荒野中善盡他們的職責，在生活艱苦中從事維護山林生命、山難救助或致力於婦幼保護等各種治安維護工作，或為原住民同胞默默行善與服務，執著與堅持於警察使命的實踐，發揮他們生命的光與熱。

這些主角不因資源不足與生活艱困，仍然抱持熱忱與愛心，服務民眾，散播人性的溫暖，關懷社會弱勢與保護自然環境，並以維護與延續原住民文化為念，展現了偉大而高貴的情操。

此一「行道者」的精神，猶如孔子在稱讚其弟子顏回時說：「一簞食，一瓢飲，在陋巷，人不堪其憂，回也不改其樂！」

道藩兄發掘的人物事蹟裡，我們看到書中主角以仁民愛物的精神，秉持公義與慈悲的胸懷，執著於警察服務理念的初心，默默的耕耘、奉獻與實踐，他們對山林環境的熱愛與對弱勢者的關懷，展現令人敬佩的警察敬業與專業精神！這些表現可以說是全體基層警察同仁的典範與縮影；也是所有從事警察工作者能獲得社會敬重與肯定的尊嚴之所在，值得所有警察同仁學習效法！

道藩兄認為警察與獵人之間，在精神上存在著某些共同的特質，將警察的使命、精神與原住民勇敢、冒險和挑戰的獵人精神比較結合，試圖藉著獵人的智慧與勇敢、堅毅及勇於挑戰之精神，來詮釋「新時代的警察」所須具備的風貌、智慧、態度和精神，建構出新警察廉能智慧與公義慈悲的生命力與核心價值。

警察是一個公共服務的團隊，也要確立其核心價值。當我們在形塑優質的警察文化時，書中人物仁民愛物、勤勞樸實、冒險犯難、積極進取的精神，禮失求諸野，殊值學習效法！

十分感謝道藩兄長期對警察的關懷與鼓勵，主動熱心發掘與彰顯警察維護治安與為民服務的感人事蹟，此次更花費一年時間，十分辛苦的奔波於台北與台東的山地部落間，辛勤發掘在山林間默默耕耘之基層警察的動人事蹟。從其起心動念與默默付出的辛勞與奉獻精神，也是另一篇令人感佩的故事章節！

個人謹代表所有的警察同仁，特別表示敬佩與感謝！並樂為之序。

二〇〇八年十月十五日

獵人vs.熱情

侯友宜
中央警察大學校長

二〇〇四年十月第八八二期的《商業週刊》，調查了全球二百大企業領導人，他們都有一個共同的特質，就是對工作充滿熱情，可以毫無畏懼的面對各種挑戰，更重要的是，這些人也都從中得到樂趣，肯定自我的價值。

再看看許多成功人士的傳記，更可以發現熱情是支持他們成功的要素，警界也不例外。道藩兄所寫的《警察故事一》，揭露了十三位警官，如何捱過排山倒海的壓力、度過重重危機，晉升高階幹部的成功秘密。

同樣地我們可以發現這些高階警官，也都擁有對工作熱情的特質，那是一種信念、專注、堅定、果斷的總成，是將對事物的執著化作實際行動，即使在遭遇困境時，也不會去逃避或埋怨，反而像個獵人般，運用高度的智能與技術，巧妙的去迎擊。

道藩兄，從事新聞工作二十多年，有著對警察工作的採訪熱情，花了比一般人多十倍、百倍的工夫去深入探索，所以常能捕捉警察背後不為人知的故事，藉由細膩筆觸發揮出來，這是對警察工作的具體支持，也給了許多後學一個模範。

而這本警察故事，迥異於以往，以警界中最基層、最平凡的同仁為主角，深刻描述他們平常堅守崗位默默做著最不起眼，但卻是生命中最有意義和價值的事。

先前兩集的警察故事，無論是奮鬥史或是辛酸史，儘管呈現再翔實、體驗再深入、筆觸再細膩，總是事後去描述別人的故事，對於讀者總還是有著那麼一點距離感。

但這次，道藩兄卻是隨著故事主角，實際到達山之巔、地之角，用「獵人的精神」，觀察和領略他們所做的一切，聆聽周邊的聲音和回應，找出其中所隱藏的面貌、感動、靈感和啟悟，也因此道藩兄用「獵人」為這本書下了最佳的註解。

在布農族中，獵人有著特別的地位與意義；平時在部落是農夫、是家長，也可能是部落的幹部，兼具多重角色，不是任何人都可以得到的殊榮。一個獵人要能把這些角色扮演好，具備智能、技巧、體力、耐力、責任等種種的特質，才算是一個真正稱職的獵人。

而且獵人是不善言詞、不喜吹噓的，是嚴謹的，且遵從戒律與禁忌的，對長輩、後輩的屬從關係非常清楚，不會以下犯上，長輩說的就是命令，不容懷疑；他必須保護家族，不受侵犯，這些都和警察工作有著某種相似的特性。

故事中的主角，以獵人的精神去做好警察工作，開啟了人生的腳步，更深入找到了生命的價值而且將它延伸出去，帶給更多人幸福美好的生活環境，並重新找回自己的價值，他們的貢獻早已遠遠超脫警察為民服務的工作內涵。

反觀近來世界的紛亂，有時想想最大的敵人或許就是我們自己；或許問題的癥結，就是大家習以為常的生活方式；是我們自己內心的貪婪享受，捨不得改變生活方式；是我們習於抄捷徑搶短線，只想找最容易的路去走；是我們的褊狹，無法彎下腰傾聽大地，不願更寬容更理性地看待所有不同的意見。

《警察故事三——奇努南》對獵人警察的工作熱情與生命態度，有另一番的體悟，讓我們能夠重新審視在城市中的生活與習慣，是一項反思。

道藩兄寫這些故事是本著一份熱情，因這熱情，驅使他願意到達各個角落，去挖掘出這些平凡中的不平凡故事，讓更多的人瞭解到在警察這個角色背後，還有著這麼多值得我們去尊敬、學習的事。

「沒有深刻的參與和體驗，說不出感人肺腑的故事」，作者的實際走訪和體悟，讓這本書讀起來格外不一樣。我相信讀過的人，都會被故事中的主角所感動，會重新詮釋警察這個工作和角色。

二〇〇八年十一月十二日

警察故事3 奇努南

目錄

開卷

序曲

第一部

第一篇

第五篇

第二部

附錄

誌謝

序曲

■令人感動的故事，才有存在的意義和價值

《警察故事三——奇努南》，以原住民基層警察做故事主角，是一種偶然。但所有偶然匯集起來，就不再是偶然，而成為一種「應然」或「必然」，有其精神意義和價值。

就像第一集警察故事，是以高階警官如何從基層，奮鬥努力向上爬升為背景的故事。第二集警察故事，是殉職警察的家屬，如何度過沒有親人陪伴的心路歷程。

兩本書出來後都獲得很大回響，給我很大鼓勵。就像年代網際董事長邱復生說的：「開啟了更多人做警察的故事」。

第三集警察故事緣起，最開始我把範疇訂在「山之顛，水之涯」的基層警察，是想讓更多人瞭解，在最偏遠地區警察的生活、工作形態，他們默默耕耘和敬業的精神。警政署和全國警察單位，共同協助我廣泛蒐集可撰寫的人物資料。

開始做第三集故事篩選和前置探訪後，才知「山之顛」的警察故事就超過我的能力範圍，不得不暫時捨棄「水之涯」基層警察部分，在這裡要向協助我蒐集資料的警察朋友致歉，容許未來有機會再深入報導。

當初，完全沒有設定是要以「原住民警察」做主題，但人選出爐經前置探訪後，才發現故事主角竟多是原住民，除了「登山客守護神」中的楊坤樺，和「後山的天使」從事家暴工作有成的女性代表余麗娟以外。

選出的名單令我好奇，開始時，我也質疑選擇客觀嗎？這些故事主角真的有代表性嗎？我把採訪故事內容，和警界、家人、朋友、EMBA老師和同學分享，聽、看、感受他們的反應，故事主角所從事的服務是否能取得共鳴，還是只是我個人的偏好，很怕落入自己的迷思中。

整個採訪和寫作過程，我完全循著「獵人精神」，尋找故事中主角所散發出的獨特人格特質和魅力，觀察和領略他們所做的一切，深入他們成長的大自然，聽取他們工作、家庭、朋友、同事、學校、部落周邊的聲音和回應，以獲取更多不同面貌，享受他們給我的感動、靈感和啟悟。

在每一個故事人物採訪中，我和攝影搭檔邢定威，不斷在尋找動人的故事和畫面。始終認為，如果他們無法觸動我敏感心靈，我就無法寫出感人和令讀者心有共鳴的故事。對我來說，沒有感動力量的故事，它存在的意義和價值就非常有限。

■只要在你的崗位上好好努力，小人物也可以獲得尊敬

從籌備到故事完成一年時間，對故事主角和周邊人物採訪都超過四次以上。我把故事擴大到他們警察工作範圍以外的地方，尋找更廣泛和寬闊的題材，讓讀的人對故事主角引發更大興趣，並有多一層的視野和感受。

除了感動的故事外，我對其中呈現極大反差的對比故事也非常有興趣。像亞榮隆·撒可努如此能言善道的警察、作家、演說家，他在屏東縣來義鄉古樓村，卻有一位又聾又啞掌門貴族好友「烏賈斯」。

他們二人用心相待，他們故事的呈現，說明了友情對比的張力，從這裡我們可以更深和更廣的去看待一個人，進而領略他所做的事。

除了有邢定威大量的圖片配合，寫作上，我也嘗試用視覺影像方式，帶

出文字，讓文字也能生出影像感受，由剝而復，讓故事能更引人入勝。

故事主角讓我們體會到，生活，並不完全存在我們所看到的、感受和接觸到的地方而已。它同時還存在著許多我們目無法所及、心無法關注、足跡所未能至的地方。

故事主角既不是大人物，也不是知名人物，更不屬於金字塔頂端的人，但透過他們的位置和所做的事，卻一點都不亞於我們所謂的「大人物」。故事主角說明了，只要在你的崗位上好好努力，小人物也可以獲得尊敬，也可以成為我們心中的大人物。

用全新視野看待女性在職場上的努力、能力和潛力

書中小人物，除了余麗娟是警官外，其他人都是警界中最基層員警。他們在沒有人關注，甚至遺忘的偏遠後山鄉野角落，默默做著最平凡、不起眼，而卻是生命中最有意義和價值的事，他們重新創造了警察的生命價值，改寫了警察的歷史和故事。

余麗娟為故事主角之一，她在台東縣警察局婦幼隊，從事婦女和兒童家暴安全工作，她用天使的心，菩薩的手，所羅門王的智慧，救出無數在陰暗角落中哭泣，過著暗無天日的婦女和孩童，讓他們重新面對新的生命和生活。余麗娟在台東縣創舉推動「社區家庭暴力防治官」，深入社區和家庭提供服務，警政署通令全省警察單位仿照實施，她因而獲選中華民國十九屆十大傑出女青年，為她和警界帶來最高榮譽。她在生活、工作、家庭、研究所學習所表現出的各方能力，完全顯現出積極樂觀、冒險創造、進取學習的「獵人精神」。

余麗娟同時讓我們感受到，女性在職場上所付出的犧牲和代價，很多是我們看不見、疏忽和難以體會的。她是一個縮影，讓我們生出更多的尊敬、理解和體諒，並從而以全新視野，來看待女性在職場上的努力、能力和潛力。

■生命學習之旅猶如重生，生出對大地的敬畏包容

採訪探索過程是一趟「生命學習之旅」，精神和感官都獲得完全洗禮，我們隨著主角重回多個現場，走過他們生長、工作、上課進修的地方。看到各種文化的不同風貌，人的溫情厚意，生活苦難給一個人的磨練，如何建構出他們強韌的意志力，發揮在警察工作上。

而他們創新學習的精神和態度，更加深了我對他們的敬意。對我來說，學習之旅猶如生命重生，讓我生出對大地萬物和人事的敬畏包容。

學習之旅告訴我，要把自己這個容器放空、淨空，才能裝得進新東西，如果淨空得愈乾淨和徹底，能夠承載和承接的新事物愈多，也愈能保持更加開放態度，去看待、欣賞別人文化和習慣作為，而不帶任何色彩和成見。我再一次真正體會到，保持內心完全開放，是如何的快樂。

採訪的過程，就像發現一件有價值的事物。學習能力，原本就是人的基本特質，但在莽莽生活中，被我們遺忘了、蒙蔽了，因此如何開啟心眼就變得特別重要。

而我們也瞭解到，持續學習，是我們取得任何技能、知識、智慧最有效的方法。但如果我們不能師法自然，而一味想從市面上的成功學，各派管理大師的理論身上，學到精神最終極致的價值和核心，那是困難的。即使有了吉光片羽的心得和論證支持，也難保持久和根植其心。

就像這趟學習之旅，行走在深山中，看到老鷹在山谷中展翅翱翔，雄姿勃勃，感受到何謂輕快和敏捷；百年古木筆直粗壯參天而立，人的生命，突然變得藐小；在赤熱獵徑中艱困往上爬，雙腿抽筋，一面防著毒蛇出現，才知平日的工作挑戰實在不算什麼。

搭帳棚住在山裡，天未亮，坐在大石頭上，看天上的星空和即將黎明的森林，不禁生起身在何處之感，神秘的美和難以言喻的感動，突然覺得自己很了不得，一生中能有幾回，有這樣偉大極致的體驗。

徜徉在金崙溪谷中，隨著載波載濤溪水奔流而去，才知柔和的輕鬆；看青鳥成群從大山竄出，成人字形的在穹蒼中結隊飛翔，才體會到團隊、規律、韻律和協和是那麼的美麗。

寧靜望著遠處教堂的十字架，任你有三千煩惱絲，也會退到一旁棲息，讓思緒淨空，而想走近和親近祂，神秘力量處處存在。

在大自然裡才會發現，文字和語言變得如此貧乏，過多的解釋都變得不必要，思緒常因一時飛揚後，而轉趨平靜。

過去，總是很難明確告訴別人，「心中內在聲音」代表的意義？來自何處？但卻一直在激發自己轉變，去諦聽自己內在聲音。這種尋求，是一種自我摸索，有時不知自己會往那裡去？在那裡終止？但內心總是沒有過多的恐懼和憂慮，反而有了更多清明。

■大自然應被視為凌駕一切經濟、現實事物的價值

生態保育，是二十一世紀世界經營大環境，構成人類共同行為的最重要規範，如何從生物世界去學習，開展我們的心，從自然界去體會生生不息的道理，生出智慧和創新。向大自然學習，是我們未來要學習的最大課題。

美國《紐約時報》專欄作家湯馬斯．佛里曼說：「大自然應該被視為一種不同且凌駕一切經濟、現實事物的價值，受到感激、尊敬、保護。」

清明時節，我們隨台東縣警察局大武分局歷坵派出所副所長黃俊明，從所住的「讀古物」部落，進入南大武山尋根，攀爬獸徑，夜宿溪谷，登上部落遺址，體會他們老少建立文化認同，傳承部落歷史文化，尊重自然環境保護，落實自然生態永續發展的決心，也體悟到黃俊明所以能再創社區和部落風華，是有他豐厚的歷史成因。

跟著屏東縣警察局恆春分局牡丹分駐所警員，被當地民眾稱為「山神」的施正木，踏遍屏東縣各大山，親眼目睹無數國寶樹「七里香」被盜伐情況，聽他如何和山老鼠搏鬥，保護這片浩大的森林，也體會到守護這些國寶樹，延續大自然生態環境，是二十一世紀多麼重要的大事。

二〇〇八年被選為國內「最有潛力十大人物」的森林暨自然保育警察撒可努，帶我們進入關山轄區初來四十九林班的大山裡，看到牛樟樹被盜伐肢解慘狀。讓我們感受到，要守護這片生生不息的大自然，絕不能單靠有限的山林警察，而是要更多民力結合，和民眾自然意識覺醒。

而撒可努有如巨人般的心靈，和他所從事的教育、文化歷練，更是未來扭轉原住民文化的重大關鍵人士。他未來的潛力是值得很多人關注和期待的，如何讓二十年後的歐巴馬在台灣誕生，需要給他更多的機會和訓練。

風雨中，我們越過向陽山、三叉山兩座百岳，踏上標高三千五百公尺由隕石撞擊而成，被登山客稱為「天使眼淚」和「遺忘在天際的明珠」的嘉明湖，看到了世界第一流的美景。

更實地瞭解原住民警察在山中救難的艱辛過程，和警察朋友自掏腰包購買，送到避難小屋的棉被和氧氣筒，在雲深不知處，天寒地凍高山一隅，是多麼溫暖和實際。警察的心，在這裡發光、發亮、發熱，一覽無遺。

最艱苦的地方，常就是人性光輝發揮所在。在後山採訪這段時間，讓我再次感受到「大自然對人修復力量的強大，而生出師法自然，對天地敬畏的心。領略到精神的極致，才是生命最偉大和可貴之處。而溫潤有情的人生，對生命重視，對人的關懷，才是生命意義價值所在」。

生活中多處是缺憾，但他們從不放棄自己的信念

採訪之旅是一趟潛能開發學習之旅，再一次體會「學習是一條無止境的路」，真正感受脫胎換骨的美好。過程中的經驗，都是從未有過的經歷，也多次體會到從未有的「秘境」感覺事實是存在的，讓我們達成許多不可能任務，再次豐富自己的生命。

學習之旅，也是對人性探索和潛能的一場試煉，書中故事主角和我們多數人一樣，都在經歷人生過程的洗禮。我發現故事中的人物，他們工作場域和早年生活遭遇相似，人格特質雷同，經驗類似，情懷目標一致。這樣的綜合性開發出他們成為書中主軸的獵人精神，這是我始料未及的地方。

當然，他們也不是完美的，他們和我們一樣在生活中多處是缺憾，有不少面臨的高牆要爬，但卻仍不放棄，仍有目標的去追求完美。

他們有的必須負擔龐大家計，為了創造目標理想，被生活壓得透不過氣。撒可努為了籌辦獵人學校理想，所須支付的貸款，對父親早年酗酒留下的陰影和一絲怨懟，母親騎機車送他去上學途中車禍死亡，仍是他最不願提

起的傷痛。

黃俊明早年忙於做族譜研究，訪問耆老，做田野調查，四處去上課學習母語，把家給疏忽了，以至於和家人存在著隔閡。就如他太太說的：「他什麼都是第一，但那段時間他只顧著研究，把我和孩子都淡忘了。」言談中不免生出許多慨嘆！

也因此讓黃俊明的太太，一度沈迷於酒中找寄託，有時白天就已是她的黃昏。年輕兒子的離婚，讓黃俊明成為孫子的養父，必須負起兩名女兒以外的照顧教育責任，沈重的家計，有時也會生起不勝負荷之感，但他們都勇敢以對。

施正木大兒子幼年發燒，引發的智力遲緩，太太的檳榔不絕於口，和未必堅持他所信的信仰，都是阿木心中一道難以言喻的遺憾。但主的力量，也讓他樂觀以對，並完全面對和接受。

余麗娟先生對妻子過度投入工作，不知照顧身體的憂心，和對他的疏忽形成的距離，有時也不免滋生無奈和不滿。體諒中的抱怨，抱怨中的體諒，在兩人生活中和工作中不時翻攪。而余麗娟因過度投入於工作、學業，內心對家人的虧欠和愧疚，都是她在挑戰自己時，內心矛盾，難以兩全和縫合的傷口。

但他們都充分瞭解，「沒有缺憾的人生是不完美的」，也瞭解任何事情都必須付出努力的代價，才能獲致一點成果，因此他們有時雖苦、雖悲，但從不放棄自己的信念，即使再苦的日子，他們都樂觀以待，相信終有苦盡甘來和雲開見青天的一天。

事實上，許多成功的人士都深受負面情緒折磨，心理學家稱為「陰影自我」，有些實踐家終其一生都在與之對抗。他們不斷尋找生活的意義，找出內心喜悅和社會渴望之間的交集，找到方法來激勵自己。不管有什麼經驗，這趟人生都是我們成就自己的唯一機會。

撒可努說：「遇到不如意的事，我會先試著改變它，如果無法改變，就會改變自己的立場，從不同角度切入，或許能因此而改變。有時我們必須試著改變看待問題的角度。」在人生試煉的這條路上，我們應不斷努力，為自己找到一條出口。

你不瞭解我的明白

這次的採訪是一項新的經驗和嘗試，很多人不理解，為何我們要放下好好的工作不做，而花近一年時間，過著無薪的日子，完全自費，把自己放逐在深山峻嶺之中學習，做原住民警察的故事。

我很難明確告訴周圍的人，我心中的明白，和我接觸到的大自然，和這些誠心的人、誠心的事之後，他們給我的啟發和感動，對我人生觀所帶來的重大轉變。

我從中也發現，開始是我想要寫一本基層警察的故事，但經過深入的學習之旅後，已轉變成我有必要、責任和義務，把採訪到、看到、聽到、觀察到、體會到的故事寫出來。讓更多的人瞭解原住民警察，如何用心以獵人的精神，在後山鄉野奮鬥努力的故事。這中間過程的呈現，就是我心態上的最大成長，也成了我的使命。

整個過程，我唯一擔心的是，自己是否有足夠的能力，把這些美好、動人、深具人性意義和價值的故事，用我的筆寫出來，這是我面對的最大挑戰。

而後來我也發現，最重要的是，如果，我們沒有積極的態度，不斷來回的走這些路途，不停的去探索和尋找，每一個感人故事背後的成因，即使我有再好、再洗練的文筆，也寫不出故事主角的精神。

對應能力和對話的空間，想像進入他人生命的處境能力，親身的體驗和觀察，從中獲得的感動和啟悟，才是撰寫時的最大力量，文字會隨著感受和精神，像魔法一般源源不絕的流出。

結束採訪回台北時，好幾位原住民朋友對我和搭檔邢定威說：「你們不是來採訪的，你們是來交朋友的。」我回答：「你們說對了一半，我們是來學習的。」這是我確信不疑的。

第一部

獵人

第一篇 最有魅力和潛力的警察

撒可努

族別 排灣族　**原住民名字** 亞榮隆．撒可努

漢名 戴志強

生日 一九七二年一月二十八日　**出生地** 台東太麻里拉勞蘭部落

學歷

台東高中自然科

台灣警察學校甲種警員班

國立台東空中大學

台東大學研究所主修兒童教育

現職

森林暨自然保育警察隊台東分隊隊員

從警前經歷

南迴鐵路建設　台北板模工

林班地砍草　到梨山採水果　幫人背生薑

警察資歷

一九九二年七月台灣警察專科學校畢業——被選入技訓隊搏擊組

一九九四年參加維安特勤隊二期

一九九八年支援台北縣警察局
一九九九年保一總隊後勤組修繕組
二〇〇四年森林暨自然保育警察隊台東分隊
目前資歷：十六年

優良事蹟

一、一九九八年出版《山豬．飛鼠．撒可努》一書，被美國哈佛大學應用中文系指定為中文選讀教材，文章被收錄在國內國中教材第七課

二、二〇〇〇年獲「巫永福文學獎」

三、二〇〇〇年九月完成第二部著作《走風的人──我的獵人父親》，獲第一屆「中華汽車原住民文學獎」散文類第一名

四、二〇〇〇年開始籌辦獵人學校，並在寒暑假辦營隊活動

五、二〇〇二年五月應行政院僑務委員會邀請，赴美西聖地牙哥參加「台灣原住民週」系列活動並且發表演講

六、二〇〇二年完成有聲書《VUVU說故事》，後來又寫《巴里的紅眼睛》圖文書

七、二〇〇二年榮獲文建會頒發「二〇〇〇年文學人」榮譽講座，與鍾肇政、陳若曦、楊牧等多位文壇資深前輩同享殊榮

八、二〇〇五年美裔華人，請香港導演張東亮，將《山豬．飛鼠．撒可努》一書拍成電影，在國際間獲得多項大獎

九、當選「二〇〇八台灣十大潛力人物」族群和諧類

十、十五年來不斷受邀到全國小學、國中、高中及大學與各社團和美國的學校與社團演講

家庭背景

父親、妻子、兩名女兒，妻子肚子裡還有一個

最喜愛的事

帶孩子、跟部落老人講話

興趣

寫東西、旅行

最驕傲的事

房子是自己蓋的

影響的關鍵人物

我的外公、外婆

撒古流是我結拜大哥

二哥伐楚古給了我認清什麼是排灣族

堂哥戴明雄牧師

甘地是我最喜歡的人

理想

想跑遠洋漁船、想繼續讀書、辦獵人學校、去很多地方

眞正的奇努南精神

亞榮隆・撒可努，一九九八年出版《山豬・飛鼠・撒可努》第一本書時，被美國哈佛大學列入中文選讀教材。

美籍華裔女子徐順理讀到這本書，發現真正的台灣精神、文化、智慧，出資聘請香港導演張東亮拍成電影，獲得日本東京「第十四回地球環境映象祭大賞」，被翻譯成英文、日語、蒙古文、德語、台語五國語言在世界各地流通。

撒可努又接到美籍華裔范清亮夫婦邀請，到美國聖地牙哥演講，他身穿華麗排灣族原住民服飾，面帶微笑，對著台下數百位美國人和華裔聽

亞榮隆・撒可努獲選為「2008台灣十大潛力人物」，是他個人和警界最高榮譽象徵。

眾說："I come from Taiwan. I am a policeman."

台下聽眾看到這位如此獨特、俊挺，來自台灣的原住民職業是警察時，馬上報以讚嘆的掌聲，台灣警察的文章都寫得這麼好嗎？撒可努說：「那一次是我視野拓展最寬廣的一次，至今仍無法忘懷。自己穿著傳統服飾演說的樣子，那也是最像自己的樣子。」

《山豬・飛鼠・撒可努》一書描述的是：在森林部落中土生土長的撒可努，小時候隨著父親學習各種打獵方法和技巧，努力成為一名出色獵人的故事。

學習過程中，父親讓他深刻體會到一位真正的排灣族獵人，並非

撒可努說：「總隊長你三線三，我只有一毛三，跟你走在一起，我沒有辦法呼吸。」總隊長黃俊宏笑著回答：「我們都一樣，都是三顆星。」撒可努笑著，這才叫長官。

只是懂得捕捉獵物而已，更重要的是要與大自然和平相處。瞭解人與土地之間關係的撒可努，進而立志負起守護部落和森林大地的重任。

■撒可努（圖左）和弟弟百勝（圖右）加入森林警察，回到曾經是他們祖先的土地上守護山林。

森林警察如同祖先送的禮物和被選定

撒可努的大弟「百勝」也是警察，二人同時在打擊要犯第一線的維安特勤隊服務七年，把他們操練成鋼鐵般的身體和堅強意志，並曾參與無數槍戰和重大要犯圍捕。

一九九七年南非大使館武官卓懋祺，被殺害白冰冰女兒白曉燕的綁匪陳進興，衝入家中挾持全家人。警方潛入武官家中救援，可以一槍擊斃綁架案主謀陳進興的主要

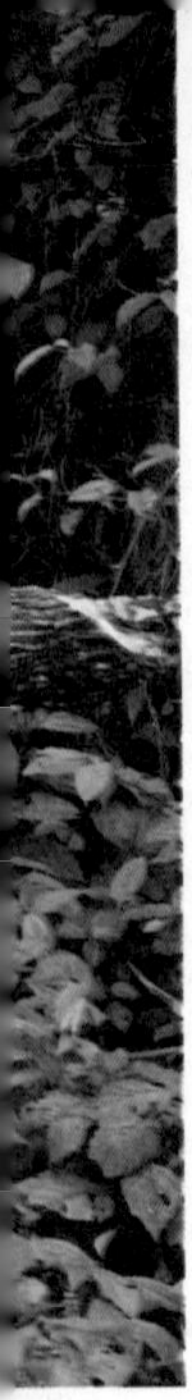

狙擊手，百勝就是其中之一。

兄弟二人後來請調回到台東當森林警察，撒可努認為，這如同祖先送的禮物和被選定，直到現在撒可努都不敢相信，自己會站在曾經是祖先生活的空間。

撒可努說：「獵人精神的起源，是來自於人在動、植物，與大自然的力量裡，所產生出對萬事萬物，都有他生息道理的尊重與敬畏。」

今日，撒可努是一位出色的森林警察、獵人學校的創辦人、排灣族的文化作家、演說家、雕刻家。而對山林萬物的敬畏，是傳承山林獵人哲學的他，終生處事基本原則。

故布疑陣的山老鼠

撒可努開著四輪傳動吉普車，全套配備，帶我們上到關山轄區，初來四十九林班後面一座大山，體驗森林警察的工作。

車在山中行走，雖顛簸難行，但青翠雄偉的山，一望無際的藍天白雲，讓人寵辱皆忘。從上往下俯瞰，錯落有致的村莊，有如棋盤散布，美不勝收，心情頓時無比舒暢，幸福感油然而生。

我們進來的山路並不是產業道路，也不是獵人打獵的獸徑，原來是山下村民向警方密報，有人在這山裡開路出沒，所以請森林警察來勘察地形，查明開路人動機。

車子到不了的地方，就是森林警察開始用人類最原始的方式徒步開路，沒有路找路，有路可能是山豬、山羊的路，但就是不能迷路。

撒可努對山路熟悉，但神情仍專注，有如在山中行走的獵人，對大地充滿敬畏。

一陣漫長穿梭蜿蜒後，進入僅容一輛車通過的山路，兩旁比人高的芒草四散，幾乎遮蔽視線，樹枝強力拍打在車身，有如被人鞭打般，警車卻像勇猛戰車般筆直往前開去。

車速突然慢了下來，一棵手腕粗樹幹，橫在路中，撒可努下車把樹木搬開。撒可努說，盜採牛樟樹的山老鼠，會故布疑陣，把樹幹橫放在路中央，來減低我們的戒心，替他們爭取時間。

巡山警察和林務局人員，開車或騎機車進來，看到樹幹橫倒在路中，可能會誤以為這裡根本沒有人來過，掉頭就走。事實上，山老鼠早在裡面大肆濫伐，架設流籠，把全台灣最稀有和珍貴的牛樟樹，一塊塊運送出去。

用鼻根後面鼻囊聞樹的味道

山路也有盡頭時候，停下車子，撒可努帶我們走入山林間，他突然轉身對著我們說，你們聞，牛樟樹味道飄過來了，他要我們用鼻根後面的鼻囊聞。剛開始，我們城市佬根本聞不到，再往山裡走，我驚訝的叫「撒可努」，他以為發生什麼事，瞪大眼睛緊張的回頭望著我！我說，我聞到了，好香喔！他笑了出來。

再往山裡走，一棵牛樟樹在我們眼前出現，筆直的，往湛藍的天空伸展，樹皮看起來有些微皺，摸起來像老人歷盡風霜皺紋的臉，有著人生歷練後滄桑和素樸的美。

撒可努指著牛樟樹說：「你看，這棵牛樟已被山老鼠盯上。」我問他怎麼說？他指著牛樟四周被砍掉的小樹說：「山老鼠為了讓牛樟樹能接收到更多陽

身後的牛樟樹已被山老鼠鎖定了，為了讓牛樟樹快快長大，將它周圍的樹種全部砍掉，未來這棵樹已被判了死刑。

光，生長更快，會把周圍的樹都砍掉，淨空周邊，好讓這棵牛樟快快長大，再取它的利益。」

「這棵樹是待宰羔羊，我們都知道樹被盯上，也想盡全力保護它，但巡山面積幅員遼闊，人力有限，實在很難二十四小時守護著它！我們只能用有限的人力資源，這是森林警察的無奈，也是這棵樹的宿命！」撒可努訴說著無力保護每棵樹木生命的哀戚。

淒慘的牛樟神木分屍案

撥開層層樹枝，再往山裡走約二十分鐘，怵目驚心的景象映入眼簾，一棵數百年牛樟樹，被山老鼠從根部用機器切斷，碩大樹身被肢解成不同形狀，四散橫陳，有的已被丟入山坡下溝中，這景象比過去跑社會新聞，所見過的分屍案現場還淒慘！

看著四散在地上，被肢解的堅實樹幹身軀，我們恍如聽到牛樟樹無言泣訴人的無情摧殘。這時才能深深體會，人竟可為了私利，到如此喪心病狂程度，毫無忌憚地摧毀一棵已有數百年生命的神木！這是大地的悲哀！

撒可努對著我們說：「我們部落連普通一棵樹都想辦法極力保存，但這樣一棵有如神木的牛樟樹，就這樣被肢解了，真叫人痛心疾首！」

人的貪婪自私，無止境延伸到森林最深處，第一次看到這幕景象時撒可努說：「這令我心落淚，這裡的一切是我們跟下一代借來的，有一天要還給他們的。如果，在這一代就沒了，我們拿什麼還。」

山老鼠為方便搬運下山，把牛樟樹切成塊狀，正納悶他們如何運送時，進一步往山崖邊查看，不得了，他們早已架設起如纜車的流籠，把切塊牛樟往下運送出去。

撒可努說：「山老鼠習慣利用黑夜進行盜伐，他們喜歡就著月圓前後一個禮拜行動，趁著有月光的晚上肢解牛樟，為了徹夜工作，山老鼠幾乎每個人都吸毒，用來支撐體力，有時身邊還會帶著槍，被查緝時隨時準備和警方開幹，危險性不輸給槍擊要犯。到近天亮時他們就離去，等到天黑再上山。」

善用記憶的能耐

行動那天，天還未亮他們即走路上山，連手電筒都不敢用，藉著多次白天上山勘察，記下來地形、地物摸黑進山。在山老鼠盜伐肢解牛樟樹一百公尺遠處，他們聞到一種灰燼燒完，輕飄過來的淡淡木頭味道，那氣味在山林裡很淡、很輕。確定山老鼠應該還在裡面，在拂曉之際展開攻堅逮捕了三人。

事後，撒可努同事問他，為什麼他能在黑夜裡如此清楚走進山裡，而沒有一絲害怕。他說：「黑夜雖然使我們視覺能力有限，但其他感官會變得特

別靈敏。一個森林警察要像獵人，隨時適應環境而改變。

「我們將白天走過的情景記憶在腦海裡，當黑夜來臨時，去熟悉黑夜，黑夜就成為我們的保護色，我可以清楚地從存檔的記憶中，找出走過的情景。這時你就能體會『善用記憶的能耐』，有時遠比紙張來得美麗和實際。」

森林警察隊隊長阮錦奇說：

「撒可努在現場的勘驗及調查，以現場為基礎，有科學邏輯思維，秉持細心與耐心，對於任何跡證或線索，縝密而為，深入研析，發掘出線索及犯罪徵候，是警察偵查犯罪最好的實例。」

森林警察隊隊長阮錦奇（左）：希望森林警察隊原住民的成員比例能達到八成，森林保育工作才有可能落實社區化、部落化。

擁有繼續存在的權利，節制是最好的方法

撒可努父親該洋，出身獵人世族，曾是部落中最出色的獵人，撒可努從小隨著父親進入山林打獵，多數山裡技巧、知識、文化、智慧上的學習啟迪都是源自父親。但撒可努和他弟弟「百勝」成了森林警察後，戴爸就將獵槍束諸高閣，不再狩獵，在拉勞蘭部落半山腰，搭起寮子，長住山林，為兩個森林警察兒子守護這片青青山頭。

回去後，我們把目睹牛樟樹被山老鼠肢解情形說給戴爸聽，他說：「你說這是不是比殺害一條人命還殘忍，樹壽命比人還長，長在那裡好好的，礙了誰，人類卻殺了它！你要知道一棵樹生長在那裡，就像你我生長在一個地方一樣，都有它的原因和價值，萬事萬物都是如此，但人類卻這樣輕易的結束它的生命！」

「我們沒有權利因太瞭解物種習性，而去改變破壞一個原本就存在的生態物種，我們要因為瞭解，而讓它擁有繼續存在的權利，節制是最好的方法。」戴爸說話的語氣和神情，和撒可努竟然完全一樣，而這句話有如經典般深烙在我心中。

如今動筆，仍不時想起，那棵三人合抱才能圍攏住的牛樟樹，直入天

際，生命和天地同長久。如今，被肢解四散在森林裡哭泣，就像人死後，被曝屍荒野之中，任其潰爛，生命就此失去光華。

離鄉背井的父親

撒可努是出身清寒的孩子，小時曾發生過一段令他難忘的故事。

撒可努國小二年級時，他父親被榮工處分派到沙烏地阿拉伯工作，出國前一晚，獵人父親把他叫到面前，摸著他的頭說：「爸爸明天就要出去了，你要照顧這個家，如果有人欺侮你們，你要捍衛起這個家。」戴爸把藏放番刀和獵槍的地方告訴他。

撒可努說：「我那時才九歲，父親的話，讓我感覺

撒可努的母親十六歲生他，國一時離開，他的父親為了養家，離開了他最愛的山林，去跑遠洋漁船、到沙烏地阿拉伯工作、在台北當板模工，他弟弟百勝高中畢業跟他說：「哥，我要跟你一樣考警察。」（撒可努）

自己一下子變成一個大人，要守護這個家。我雖什麼都不懂，但頓時覺得自己責任重大。父親出國那一天，我去送行，心想不知何年何月何日才能再見到父親，我泣不成聲，母親難過得不想出門送行，那情景我永生難忘！」說到這裡時，撒可努難過得說不下去，直顧往前開車，但我卻看見他眼角閃爍著淚光。

撒可努的母親有心臟病，不能過度勞累，有一天他母親累得癱在地上，弟弟百勝看到，大聲喊著：「哥你快來啦！媽媽吸不到空氣了！」撒可努趕快跑過去，兩兄弟把母親扶起來。

「那一天，為了讓母親將病痛減到最輕，我們能想到的是把所有家事做完，就是希望減輕母親負擔。也想著要找一點補品給母親補補身體，但家裡沒有錢，能買什麼呢？弟弟突然想到，『媽媽妳想不想吃水果』，弟弟舉了很多水果名字，直到說出『西瓜』，母親才點頭示意。」

哥 你不要死

撒可努說：「我心想去那裡找西瓜，弟弟說，前幾天我有看到我的朋友，不知道去那裡拿了很多西瓜，我要弟弟去問他們，弟弟回來後跟我說，哥，他們是用偷的。

「我和大弟百勝，跟鄰居借了手電筒和雨衣，又跟表哥借了腳踏車，背者爸爸打獵的網袋和番刀。我跟弟弟朝著太麻里橋下的西瓜田前進，我們將腳踏車停在堤防上，然後涉水游過深潭，摸進西瓜園，遠處傳來狗吠聲音，叫得我兄弟倆心慌慌！在一片漆黑西瓜園中，要挑適合背在肩上的西瓜，又要防著被主人發現，或突然被迸出的狗追，那種忐忑心情真難以形容！

「就在我們找西瓜時，突然下起雨來，溪水一下子暴漲，我看情形不對，要弟弟先過溪去對

撒可努和大弟百勝相差兩歲，一路辛苦生活，如今各自小孩漸漸成長，讓孩子們有更好的童年生活，是他們最大的盼望。

岸等我。我找了一顆西瓜，往袋裡塞，綁緊，繫在背上，吃力的游進湍急的溪流。溪水很急，我拚命把頭往上揚，撥動雙手，但背後重重的西瓜，就像一股強大水流拉力，死命把我往水中拖去，好幾次幾乎滅頂了，但我就是不願捨棄西瓜。

「這時聽到弟弟在溪邊哭喊著：『哥！你不要死喔！哥！你不要死喔！』我用盡全身的力量，朝著弟弟的聲音游去，游到岸邊，我和弟弟、西瓜抱在一起哭。『哥，好危險喔！你死掉怎麼辦？』不要哭！我們趕快回家，媽媽在等我們！

「我們兩兄弟抱著偷來的西瓜，又不敢從部落進去，繞了一大圈，從別的山徑走回家。我們切了一大片西瓜要給母親吃，但又想著該怎麼對母親說？西瓜是我朋友送的，三更半夜那有人送西瓜，我心想，不管啦！等母親問了再說。

「我們將切好的西瓜拿給母親吃，母親吃了幾口，『很甜，孩子西瓜從那裡來的？』我停了幾秒，正想著怎麼回答。弟弟從廚房衝進來，『媽媽，那個西瓜是我們去偷的。』此時弟弟大喊著說，『媽，哥哥剛剛差一點死掉呢』，我要他閉嘴。

「我們把經過情形說給母親聽，只見母親默默拿起桌上西瓜，慢慢往嘴裡咬了一口，就在這一刻，我看到母親的淚水，攙著西瓜汁液，大把、大把流了下來，而我早已分不清那是母親的淚水，還是西瓜汁。母親緊擁著我們兄弟倆，再也說不出話來！」

後來撒可努的母親把這一段經過錄音，寄到沙烏地阿拉伯給他父親，要他放心，孩子一直都很貼心聽話。

能欣賞動、植物在世界運行的獵人學校

「獵人」在排灣族語言裡指的是：「能聽得懂土地和自然語言的人，沒有自私和利益，最知道分享的人，是能力、武功、智慧、豐厚的象徵。所以，獵人真正的意義，不在狩獵，而是一個自然、土地的溝通者。」

撒可努小時候和父親進山打獵，到了獵場父親都會先對空鳴槍，告訴森林和動物他們來了，父親說：「我們是獵人，不是小偷，這是對動物和山的一種尊重。」

和父親在森林中學習時，撒可努經常看到父親和大大小小生命體對話，好像熟知動物各種習性。捕獲獵物時，會在獵物生命離開牠身體時為牠默

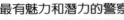

禱，一同承擔牠的苦痛，表示對牠生命的尊重和身體的感恩。

從小和父親學習打獵的撒可努，累積了祖先世代傳下的豐富生態知識，深刻體認了人與自然互敬關係，及作為一位獵人應有的傳統觀念和規範。

撒可努說：「父親讓我瞭解獵人絕不是時時刻刻在殺戮，能欣賞動植物在世界的運行，才是最大享受；懂得節制，才是真正獵人哲學。」

童年時，撒可努父親有感而發對他說，為什麼他們不能有自己的學校，來教育自己的孩子？多年後，他去思索那段話的意涵，平地

「獵人學校」是用獵人的方式，去教導部落下一代的傳統教育，是撒可努和父親該洋（右）最大的夢想。

學校教育，真的並沒有把他們教育得更愛自己的文化和傳統。

對自然土地疏遠，對人事物追求反常，許多族人不再有與土地連結和自然呼應的能力，傳統能力盡失，文明取代一切，他們不再是能聽懂土地與自然語言的獵人。

從那時起，「獵人學校」的夢，就在撒可努心中萌芽，獵人文化的傳統與再傳承，成為他努力要實現的人生最大價值。

仔細看，這不是山，這是撒可努父親用山豬皮製作成的皮帽，讓太陽曬乾後它就定型了。

理解部落的文化內在涵養和精神

九〇年代初期，在台北當警察的撒可努，受到原住民運動潮流的衝擊和啟蒙，積極參與原住民活動，結識各地原住民藝術家、文學家、學者等，在思想和族群藝術上受到相當多影響。他開始探索自身部落文化價值，想要回歸自己部落，將自己能力貢獻給部落。

一九九三年，有一次回到部落的撒可努，看到部落小孩很多都是沒有爸爸的孩子，年輕人輟學、參加不良幫派、打殺，死的死，不見的不見。也曾經是隔代教養下長大的撒可努開始利用每週休假日，從台北回台東，像個孩子王似的，帶著部落小孩，穿梭在山裡、海邊嬉戲，他們到屏東，到山地文化園區，他用陪伴著玩來關心他們。

目前就讀嘉義大學體育系的利浩維，國小四年級開始跟著撒可努，他說：「撒可努就像我們另一個爸爸，他用說故事讓我們認識部落族群文化，認同自我文化價值，培養對部落的歸屬感，他帶我們去游泳、打獵，開啟我們的山林經驗。帶頭搭建青年會，成立自己的會所。

「利浩維」國小三年級跟著撒可努學習，現在的他是未來國小老師，是撒可努最大的成就和安慰。

「他從不向我們說什麼大道理，只是親自動手去做，我們就在『做中學』。他對老人家的尊敬和親切，是我體會最深的。我公費上大學，他幫我當保人，現在部落都稱他為『青年之父』。」

今年二十三歲的約翰，十多歲時就是逞兇鬥狠的少年，但和撒可努隨著部落小孩一起出去玩後，漸漸被他的態度改變了。

約翰說：「有一次在海邊我問他，你為什麼想回來帶我們。他說，從小就希望有一些長輩能帶著自己成長。他改變了我，讓我去接受各種嘗試，給我舞台，建構我自己的生命經驗。」我們參加部落很多活動，約翰都扮演一位帶頭著。

約翰（上），現在是部落孩子學習的對象，他說：「祭典中相互抵著棍子較量，這是傳統競技鍛鍊的一種方式。」

部落小孩在海邊奔跑的「小刀會」，是他們海祭的一項儀式。

撒可努一直認為，光找回原住民語言、服飾、文化圖騰是不夠的。必須要改變部落裡面「人」的生活態度，必須重新找回排灣族人的價值，去理解文化內在涵養和精神，部落才有可能改變。

他一直希望用自己的方式和思維行為去教授、傳達屬於族人的價值，他認為原住民原本的價值是美麗的、漂亮的，卻在失衡年代中被顛覆，被取代。他要找回部落流失的價值，傳統、自然、文明的美。他透過恢復祭儀，找回儀式，重新去復原傳統文化背後的意義。

拉勞蘭女頭目卡力古．冷兒，是讓年輕人回顧祖先精神的人物，她帶領孩子們到海邊遙祭祖靈。

傳奇人物——老莫

二〇〇四年，撒可努和老莫開始著手成立獵人學校，他們辦活動招募學生來部落學習也對外募款，慢慢有了雛形。

老莫，是拉勞蘭部落中一位傳奇人物，三十出頭年紀，掛著一副斯文眼鏡的漢人，因就讀輔仁大學數學系時，在學校社團山地青年服務社，聽過撒可努演講，到部落觀摩學習，從此愛上這地方，投入建構獵人學校的夢想，在部落生根一待八年，負責獵人學校會務推動。

親炙原住民文化，皮膚也帶有古銅味的老莫說：「進入部落後，我放下自己原有的價值觀，從很簡單實際的生活經驗去學起，學習對自己的生命負責。

「原住民孩子的感情和愛，很直接，我學習和他們互動，一起去找回教育中最缺乏的『生命教育、人的價值』，我們從大自然中去學習，瞭解人和土地的關係，體會族群分享和共享觀念。」

老莫，是撒可努穿越時空找到的弟弟。問老莫，為何愛上部落，他說：「相愛和分享，是我在這裡看到的價值。」

對撒可努和老莫來說，雖然還沒有實體的校地，但獵人學校已經在運作了，他們舉辦各式教學活動，到部落採訪時，花蓮海星中學各族原住民學生，到部落做生活體驗，這群熱情有勁、洋溢著青春的年輕人，在漢人一般化教育中，都曾有過自我認同和自我追尋的矛盾階段。

讓真正平等價值出現

老莫觀察後體會出，空間、環境是一個民族文化得以形成的條件，原住民因空間、環境變遷，而失去文化。

獵人學校正是文化接軌延續的地方，有了獵人學校，文化傳統的根才能延伸，更進而瞭解文化差異，尊重自己的文化，也吸取別人的文化。重新學習老祖先留下的智慧，更接近大自然最前哨。

老莫語重心長的說：「現在大家都用弱勢族群來看待原住民，但這並不會有真正的尊重。我們必須站在平等，而不是強勢對弱勢的角度，才會有真正平等價值出現。」這席話，是他八年生根部落的心得，卻有如暮鼓晨鐘般地發人省思。

花蓮海星高中體驗營最後一天，雨如天崩地裂下著。活動中心裡，部落年輕人手拉著手，一蹲一彎跳著歡送舞曲。撒可努把車停好，一個箭步衝上去，拉起部落年輕人的手，笑著，滿足的，和他們一起共舞起來。

被部落尊稱為「拉勞蘭青年之父」的他，跳舞時開心笑著、認真投入的神情，像一位天真爛漫的小孩，那種從內心發出來真誠的愛與力量，才能無遠弗屆吧！

在部落裡，撒可努的位階是「青年之父」，是孩子學習的對象和榜樣，他的語言、思維、想法，都伴隨著孩子的心靈成長。

王子麵情緣

撒可努的妻子楊智真，是漢人，從小生長在台北新店，身材高䠷，年輕時留著一頭飄逸長髮，才貌出眾，就像電影明星。

撒可努和妻子「阿真」認識，是在國三升高中時，他到救國團打工，阿真參加救國團自強活動騎腳踏車遊東海岸，他當時打工負責做機械維修，楊智真騎的腳踏車鏈條掉了，撒可努上前幫她修好。

撒可努說：「她當時說要買冰棒請我，但我說我想吃王子麵，她到處買都買不到，最後她要我留下住址，回台北後寄給我。事後，我真的收到兩包王子麵，只不過這兩包麵，是學復興美工的她用畫筆畫的，上面還寫著，『王子麵含有防腐劑，吃多會變成木乃伊』。」他們的愛情長跑就從這裡開始。

我的家人，（前排左起）大女兒戴雲依循排灣族傳統，她是未來家的繼承者，我的漢人老婆阿真，（後排右起）撒可努，抱在手中的是二女兒戴晴。

楊智真從內心就認同並欣賞撒可努所做的事，也為撒可努犧牲許多，當然中間有矛盾和衝突，他們兩人的愛情故事，足足可以寫一本書。

婚前，楊智真的父親本來反對他們二人交往，但和撒可努見面後，看他氣宇非凡，加上和撒可努父親在沙烏地阿拉伯一起工作過，在這樣的淵源下同意了這門婚事。結婚時，因撒可努堅持用排灣族婚禮做儀式，但他改信上帝的父親反對，彼此曾有過一陣不愉快。

我有做一個鞦韆架給妳

他們結婚後在石牌「唭哩岸」開了第一家原住民風味餐廳，四年後，又在士林開了「搖滾 VuVu餐廳」，直到二〇〇四年搬回台東拉勞蘭部落。婚後十年，他們夫婦才連續生了兩名女兒「戴雲」、「戴晴」，如今阿真肚子又懷了第三胎。

二女兒戴晴黏著媽媽，阿真站在窗台前，風吹動著她的大肚裝，優美的身軀透露出——她又懷了第三胎。

楊智真對丈夫所做的事的認同和同心，在撒可努所寫札記裡有一段記錄：「部落小孩浩勝，學費未繳，不敢去上課，面對老師和同學，妻子主動照顧他，給他辦了存摺，每個月存進一千五百元當他的車費。我聽了掉眼淚，妻子關心部落的未來，部落的種子……」

札記中，也有一段結婚隔日撒可努寫給妻子的信：「婚禮結束了，相愛的任何一切，卻沒有所謂的結束，我們今後會有小孩，還有很多日子要過，我們要相愛，吵架的時候，要想到我有做一個很大的鞦韆架給妳，老公愛妳。」

阿真，就這樣陪著撒可努守著部落和一手建立的家，自己教育孩子和樂融融。他們的家永遠都有來自各地的朋友。阿真總是親切款待大家，在他們家中，你可以隨時享受到一種寧靜和自在的滿足，並體會到撒可努夫妻器識之恢宏。

聾啞朋友烏賈斯

撒可努故事多，表情豐富，很能打動人心，是出名的演說家，前警政署長謝銀黨曾邀請他到警政署發表演說。在生活中，能言善道的撒可努卻有一位聾啞知己「烏賈斯」，他是位奇特聾啞藝術家，是屏東縣來義鄉古樓村掌門貴族長子。

烏賈斯四歲時，因發燒而失去有聲世界，他雖然聾啞，不能用聲音去表達貴族身分，卻不失貴族藝術天分。他的皮雕技藝精巧，曾以《口口都是愛心》創作，描繪小時候因咬不動芋頭乾，外婆先嚼碎後再入他口中，每一口都是外婆的愛心，以此創作獲得比賽首獎。

發現烏賈斯並對他有興趣，是在閱讀撒可努札記時，看到一段記錄他的詩：

我的朋友烏賈斯　頭目耳聾的兒子

古樓大頭目的傳人　聾啞的他是天的妒忌還是被詛咒
烏賈斯　就算是被妒忌詛咒
我是頭目家的孩子　我都願意去接受
如果未來以後　我的孩子子孫
能因為我而化解　接受是我的方法
烏賈斯說：我可以感受你們對我的關心

撒可努演講——撒可努豐富的肢體語言和獨特的說故事風格，很快就抓住聽者的心。

但我聽不到 說不出 我早習慣了
我很好 我聽不到 說不出 但可以用很多時間 用心去感覺
我問烏賈斯女人鳳鳳 烏賈斯能聽音樂嗎
鳳鳳說 烏賈斯聽音樂是用手摸著音箱
用手感覺音樂的拍動
我心裡想著如果換成是我
我要如何去體驗感覺 什麼叫音樂
但我深信 音樂是感覺的
音樂如果用聽的 那是人最懶惰的方法
烏賈斯說 當我用手觸摸在音箱上時
我能感受大地在說話 我喜歡那種感覺和感受
是我生命的

我請撒可努帶我到屏東拜訪烏賈斯，他古樓村家中擺滿古物，每件都有悠久歷史淵源和故事，親炙了他頭目母親威嚴中不失祥和的風範。

烏賈斯說：「我和撒可努相識十多年，他熱愛自己原住民的血統，認真執著為族群做事的精神，感動了我。他是一個懂我的人，很尊重我，讓我體會人是互相尊重來的。我們彼此用心，就像兄弟，每次見面感情就加分，沒見面彼此放心，他好像一個巫師，總是可以感受我要說什麼！」

有一年，烏賈斯古樓舉行豐年祭，撒可努帶了和拉勞蘭先後結盟的「新園、大王、筏灣」等排灣部落前來慶祝。當時古意的古樓人都非常訝異，這位無法言語且有聽障的頭目之子烏賈斯，如何有能力為古樓，從四面八方，帶來那麼多熱情有勁的朋友，把古樓的豐年祭，炒得黑夜有如白天般火熱。

而一直在旁邊相伴，看著友人歌舞的烏賈斯，縱或未發半語，誠懇眼神卻始終未離會場每個朋友，他誠摯感念這些不遠千里而來的友誼。

撒可努和烏賈斯兩人相知相惜的故事，從瞭解到見面後一直迴盪在我心裡。看他們兩人簡單手語的對話，眼神、點頭示意、微笑，你會真正體會到用心去感覺、聆聽與溝通的獵人世界，存在著一種和諧和感動，是用普通語言無法表達出來的。

烏賈斯，是屏東縣來義鄉古樓村大頭目長子，是撒可努的好友，也是位出色聾啞藝術家。

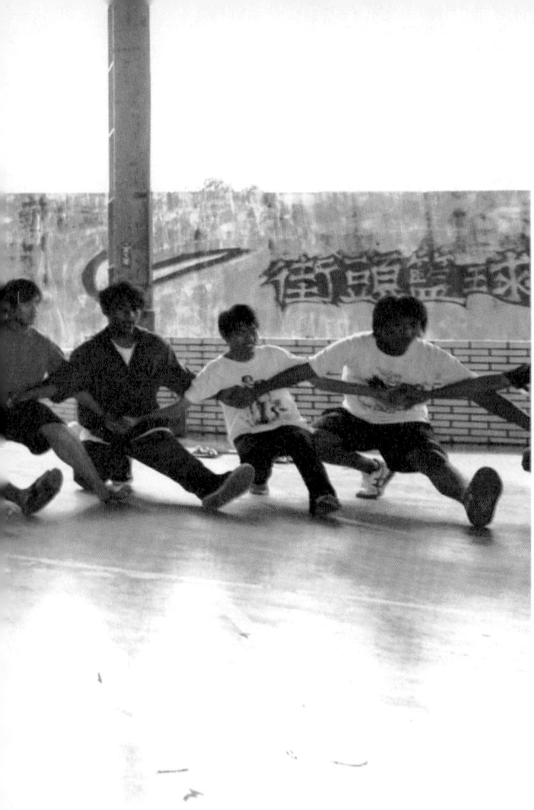

他想的、做的，都是族人的文化和未來

讀過撒可努的書，再看他的札記，讓我瞭解到書的形貌來自何處，他用哲學的隨筆，加上隨手的插畫，記錄心事、想法、心得和成長過程。他是一名詩人，隨筆自成一格，有景有思，讀來有味，讀完，不時引來內心莞爾。

他是那樣的不同，年輕時想的不是風花雪月，男女情思，和為賦新詞強說愁的思緒。文字中，多是堅定的信心，追求的理想，排灣族原貌的文化、智慧、風俗和使命感，很早就刻畫在他腦海。

撒可努的札記非常有特色，他用原住民特有的語法和獨特漫畫，記錄了他在部落成長體驗的點點滴滴。

他想的，做的，都是自己族人的文化和小孩未來的成長，札記中有一段：「我在夢中夢到自己逐漸老去、死去，而卻未完成自己文化的保存。」他害怕的醒來，記下這段倉皇，我內心感動不已，他很早就深植對族人文化保存與傳承的使命感。

《天神的眼淚》是撒可努札記中最長的詩歌，讀了好幾次，都觸動內心深層的感動。他寬闊的心，充滿對族人的愛，對祖先的孺慕。他的詩有

■「戰舞」是鼓舞孩子的最好方法，拉起他們的手就是跟他們一樣。

情、有景、有愛、有想望。綿綿不絕的感情，豐沛地從他文字中流出，他是真男兒。但也讓我再一次看到英雄對死亡的無懼，和他內心渴望成為一位悲劇英雄的想望。

《請上帝把你的酒杯還給你》則又充滿了詼諧，趣味十足，把父子倆的感情，用另一種方式表達。

天神的眼淚

我開始期待　祖先為我引領離開自己的土地
開啟讓我能盼望見到的老者的門
現在以後　我知道　離開是讓我　選擇接近祖先的方法
安詳　和善　排灣族的方式
像出征的戰士　死得勇敢有力量
沒有語言的讚美　只有讓我喜悅的歌聲
我期盼離開我土地時的訴求
讓我安詳的離開沒有不捨
撒可努在部落　永遠　永遠
沒有紛爭仇視　只有分享　共享

讓每個都漂亮　是我的夢想　我的信仰
讓我的身體穿著你們為我織繡的服飾
和象徵讓接領我死去的祖先認清的裝飾
沒有哭泣的聲音　讓部落小孩選擇能看到我的葬地
我希望讓我躺在溫暖的石板上
覆蓋土地的剎那
我希望我能聽到部落青年人唱的戰歌　讓我勇敢沒有膽怯
覆蓋的土上沒有水泥　讓我的身體有雨水和陽光的滋潤
讓泥土的空隙吹進黃昏吹來的風　和傳進部落孩子唱歌的聲音
葬地的附近　種滿百合　讓結婚成家的男女　讓我祝福擁有我的百合
葬地前有一棵榕樹　黃昏　榕樹飄落的時候　我知道天神為我落淚
溫暖的石板上　和父親的主梁　讓我孤獨時能讓我站立　觀望部落
讓石板主梁插進葬地　讓我能回到祖先土地的路
我知道有一天我會離開
沒有上帝沒有宗教　只有部落　是我最後驕傲選擇的方式
我期盼部落的孩子　有著對自我文化的信仰認同

請上帝把你的酒杯還給你

回台北前下午和父親聊著
我手中握著尤頭目切掉保特瓶　裡頭裝著小米酒的臨時酒杯
不錯ㄋㄟ卡媽　很好喝喔
當父親還未信仰上帝之前　我的父親每日有酒
就沈醉在酒的世界裡　我能體會感受做父親的必須要承受家計
去承擔所有擔負在他身上的壓力
父親透過酒　讓自己混淆矛盾在傳統又現實的時空裡
母親走了　父親卻為了信仰上帝而離開酒
我常半開玩笑的對父親說　趕快叫上帝把你的酒杯還給你
跟你的孩子一起喝酒嘛　那麼久了　上帝把你酒杯鎖在他的櫃子
我看那麼久了　鑰匙　可能都壞了　生鏽了　上帝也可能忘記了
這時也該叫上帝把你的酒杯還給你了吧　父親笑著　再說了

你真的聽得懂嗎？

撒可努帶我們到金針山林班地過夜，一邊採訪，一邊體驗在山裡的生活。我們在一個工寮前搭起帳篷。這裡有水、有椅子、有廁所，他說，是方便我們採訪，特別找的。

撒可努對我說，小時候族裡的耆老對著一群孩童說話，他總是笑著點頭，耆老看他點頭的樣子，總是不相信他聽得懂。笑著對他說，你真的聽得懂嗎？但也總是特別喜歡他，看到他時，都會把他拉到身旁坐著。

和撒可努談話，會發現他很有趣，聽他講述外祖父、母和部落耆老故事，都是那樣的有智慧、有感覺。而他的心是很纖細的、敏感的，他可以從你的表情讀出你悟懂多少。

山林裡的獵人訓練，讓撒可努冷靜、專注而又擁有超強耐力。聽他侃侃而談，如何熱情做保育山林工作，心想著，人的魅力會消失，但力量卻會感召人，讓人也跟著生出力量來。

當太麻里第一道曙光升起，「拉勞蘭」部落的年輕人展現旺盛的生命力。

無言的道別

我們來時，工寮主人不在，養了兩隻小黃狗看家，終日圍繞在我們身旁打轉。隔天早上我們在附近爬山，兩隻狗亦步亦趨跟在後頭，我們停下來，牠們也停下來，好像認識很久的朋友。

離開金針山前，我們把一切都還原好

好的，同行原住民知名歌星沈文程魯凱族的同父異母哥哥周文可，把帶上山的米酒留了一瓶，放在椅子底下。我不解問他，他說：「這是要留給工寮主人道謝的。」

記起撒可努的父親說過：「當個獵人講究的就是信用和默契，在山上工寮如果我們使用了別人準備的乾柴，也要懂得為下一個人準備，因為在山上時沒有人能幫你。對彼此的照應，是獵人延續生命及家人希望的準則，和所有獵人的共知規章。」

撒可努發動著車，準備離開時，那兩隻兩天都圍繞在我們身邊的小黃狗，在車旁看著我們。撒可努注視著牠們，輕按了喇叭，朝牠們點了一下頭，才絕塵而去。那是一個自然又真摯的道別，那一刻我的內心感覺非常溫暖。

畢業於東華大學民族文化系，認識撒可努七年的娥冷說：「二〇〇八年五月底，撒可努領著十人的小隊，到日本沖繩西表島租納村去參觀，在那裡三天，我們住在一間有著三百年歷史的古老房子。」

「離開時，大哥說，我們一起來跳個舞，感謝屋神，我們快樂跳舞，愉悅唱著族歌，向有悠久歷史典故、生命和靈魂的房子道別。這讓我看到大哥至情至性，對任何人事物的尊敬。」這就是對動、植物與大自然萬物，都尊重有情的——撒可努。

勒勒斯（右）和娥冷（左）都是東華大學民族文化系畢業，認識撒可努快七年了，她們說跟大哥的學習，是不斷的去體驗去感受。

撒可努的故事，不絕如縷，經過這半年多的接觸和親身經驗，他強悍、堅韌的獵人精神和不斷學習的特質，讓我堅信，他現在的成就與作為，只是一個開端而已。

以他目前三十六歲迸發的年紀，他這顆初磨的鑽石，勢必在未來世代裡發光發熱。台灣的警察也因有了撒可努，而倍增光芒，而他保有的獵人精神，相信能為目前新時代警察提供一個學習的典範。

森林暨自然保育警察隊

森林暨自然保育警察隊是專責支援警力，非專業警察，警政署以任務編組方式設置，以協助保育國家森林資源、自然生態及保護人民在森林內之安全為標的，其任務為協助林務人員處理違反森林法、野生動物保育法、文化資產保存法、森林區域內違反水土保持法相關法令之取締事項。

撒可努的弟弟百勝（右二）和隊上同仁及林務局兄弟一起巡山時，撒可努（右三）送水和日常用品前往，留下這張大合照。

走遍台灣，太麻里堪稱山明水秀之地，是台灣日出的第一道曙光所在，南、北延伸的腳踏車步道，讓人飽覽東部海岸線之美，流連忘返。

鐵馬驛站

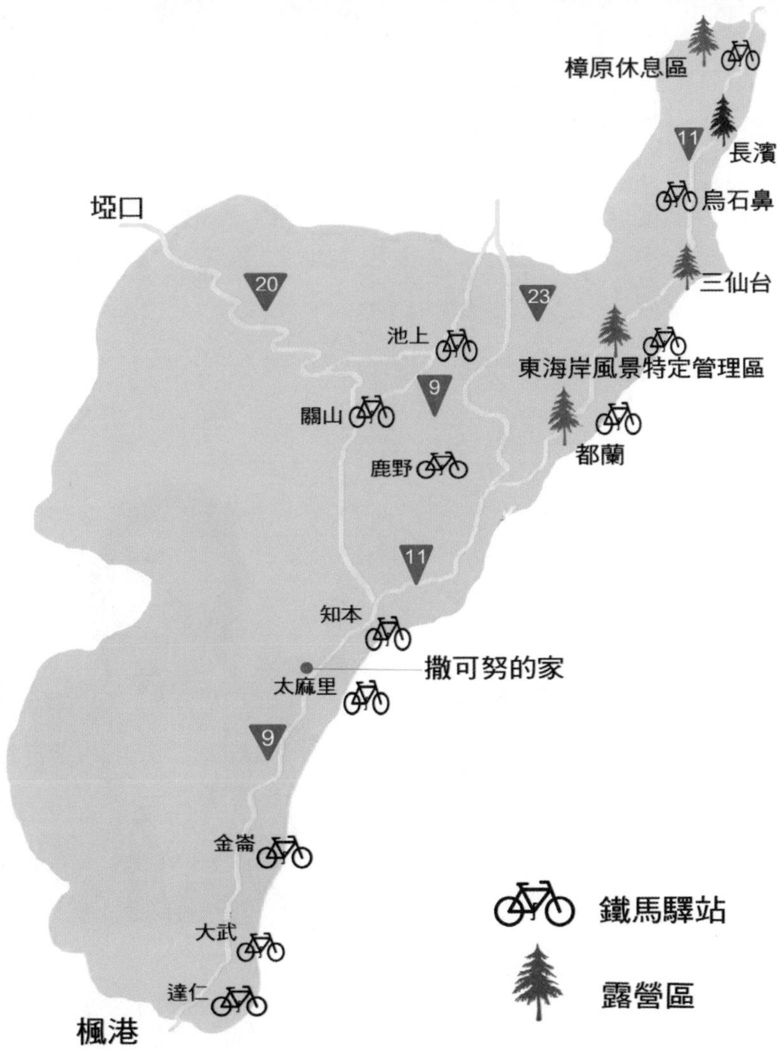
樟原休息區
長濱
11
烏石鼻
垭口
三仙台
20
23
池上
東海岸風景特定管理區
9
關山
都蘭
鹿野
11
知本
撒可努的家
太麻里
9
金崙
大武
達仁
楓港
鐵馬驛站
露營區

第二篇 後山的天使

余麗娟

籍貫 台中縣人　**生日** 一九七〇年八月四日

學歷

台灣警察專科學校第七期

中央警察大學第六十三期

目前就讀國立高雄師範大學性別教育研究所碩士班

現職

台東縣警察局婦幼警察隊組長兼代理副隊長

警察資歷

一九九〇年七月台灣警察專科學校畢業——分發至內政部警政署刑事警察局

一九九六年八月考上中央警察大學進修

一九九八年七月中央警察大學畢業——分發至台東縣警察局成功分局

二〇〇〇年六月調台東縣警察局少年警察隊巡官

二〇〇三年六月調台東縣警察局少年警察隊組長

二〇〇五年九月調台東縣警察局婦幼警察隊組長

二〇〇八年一月調台東縣警察局婦幼警察隊組長兼代理副隊長

目前資歷：十八年

優良事蹟

一、曾獲二〇〇四及二〇〇五年台東縣警察局績優員警

二、曾獲行政院經建會二〇〇五年法制再造工作圈銀斧獎

三、曾獲法務部二〇〇六年度全國表揚推展犯罪被害人保護工作有功人士
四、曾獲內政部二〇〇六年模範公務人員
五、曾獲中華民國第十九屆十大傑出女青年

家庭背景

公婆、先生、兩名女兒

最喜愛的事

同小孩成長，享受親子之樂

興趣

旅遊、運動（籃球、游泳）、古典音樂

最驕傲的事

獲選中華民國第十九屆十大傑出女青年

影響的關鍵人物

我的公婆：給我一個溫暖的家

我的先生：體諒與支持，是我實現夢想最大的動力

我的長官胡木源：在進入警察工作領域之初，引導我發揮潛能，並找到女警本身的定位與價值

我的長官施源欽及蔡君誠：給我支持與鼓勵，是我標竿學習的對象

亦師亦友謝臥龍：關懷弱勢的觀點及愛護學生的心，讓我確立自己的信念與價值，並開啟人生不同的視野

理想

成為後山家庭暴力防治的守護者

回歸鄉野：告別霹靂嬌娃

認識余麗娟是十八年前，她剛從警察專科學校畢業，被選拔到刑事警察局女警組，是警界第一代「霹靂嬌娃」。再見面，昔日女嬌娃，已為人妻、人母，成為警界中堅幹部。

余麗娟在刑事警察局服務五年，進修考取中央警察大學，兩年畢業後，因同是警校的男友李建宏家住台東，她和男友都申請分發到台東後山鄉野服務，默默從事婦女和兒童安全維護工作。

余麗娟不是原住民，但她無私無我奉獻的精神，和堅忍不拔孜孜不懈的工作態度，卻完全呈現了「獵人精神」的影子。在東部偏遠地區，她拯救了許多身陷家暴深淵的婦女和孩童，幫助他們脫離魔掌重新開始新的生活。

二〇〇七年余麗娟當選「全國十大傑出女青年」，前副總統呂秀蓮頒贈獎座給她。

她在台東縣首推「社區家庭暴力防治官」，由六十名受過訓練的專業警察，深入社區和家庭提供服務，這項創舉被警政署通令全省警察單位仿照施行，且發揮了最大影響力，改變國內家暴是家務事，警察不入家門的觀念。

余麗娟做出的亮眼成績，並沒有因在後山鄉野而被忽視和埋沒，她受到的讚賞、肯定和支持從地方到中央，獲選「中華民國第十九屆十大傑出女青年」，為她個人和警界帶來最高榮譽。

余麗娟和先生李建宏，都在台東縣警察局服務，在各自領域都有很出色表現。

聽她談工作、家庭生活，當年生澀已不復見，唯清明雙眼如昔，像能洞穿世事般明亮，不斷閃爍出歲月歷練所累積的智慧和光華，世事推移給她很大的成長。

亂倫案件的震撼：把爸爸畫成一隻大怪物

家暴防治是一條長遠的路。很多人以為只要少出門或不出門，就可以減少不幸事件發生，卻不知道悲劇卻是發生在最安全的避風港「家」中，這對初投入家暴的余麗娟產生了非常大的震撼。

她回述，第一次接觸家暴案件的震驚和無力感：「那是一起亂倫案件，一名小女生長期被自己父親性侵害，母親知道後不但不報案，反而共同掩蓋這件事。因母親認為，如果父親被抓去關起來，家裡就沒有經濟來源，三餐就無以為繼，生活就過不下去，你說，這是多麼荒謬和弱勢！」

余麗娟溫和的臉，突然轉而夾雜憤怒和無奈神情：「有的小女生長期被父親性侵害後，和父親產生依戀關係，自認取代母親的地位，竟反過來責怪母親做不好，而沒有經濟地位的母親，竟也默認成了共犯結構，這是何等悲哀！」

初次面對這些案件，余麗娟非常不適應，常讓她感到難過、驚訝、荒誕和憤怒，慨嘆人性為什麼會變得如此醜陋，社會病得這麼重，大家卻又置若罔聞！

她曾到一所學校做家暴防治宣導，老師向她說，有一名女學生，每次畫畫就把自己畫在瑟縮陰暗角落，把爸爸畫成一隻大怪物，經老師不斷追問，學生才驚懼地說出慘遭父親長期蹂躪的慘痛內情。余麗娟一陣感嘆！

余麗娟回述第一次接觸家暴案件的震驚和無力感，大人的「弱智」行為和反常，是造成家暴主要的原因。

投入防治家暴的決心關鍵

「家」原本是一處避風港，而今卻成為孩子的地獄。

余麗娟從小孩圓潤眼中看到恐懼、排斥及缺乏信任感。在他們小小世界裡，連「家」都不是享受愛與親情的地方，在未來漫長人生路途上，又該相信誰呢？而母親知情竟然協助隱匿事實，為的只是生活的支助及維繫一個虛幻的「家」。

在目睹那麼多女兒遭父親性侵的衝擊下，母親的不作為，是促使余麗娟決心投入婦幼安全工作的關鍵。

余麗娟說，家暴中最常見的是婦女被丈夫、同居人施暴，兒童被父母虐待及被親人性侵害。其中，兒童受虐案件較不易發現，因弱勢的小孩無法像家暴案中的婦女知道如何向外求助。

有些小孩子被父母打，常認為是自找的，因母親會責備小孩，你為什麼會被打，是因為你不聽話，做不好，久而久之，小孩只要被母親打，就責怪自己，也不敢向同學或老師反映。

這些小孩們就在這種受虐或目睹暴力的過程中長大，得不到家的溫暖，從小人格即受到扭曲，觀念也因而產生偏差，長大後性格丕變，不僅較易受

傷，也容易學習到暴力而成為加害人，並為自己找到合理藉口。這些是外界看不到的，但在做婦幼安全工作中，他們卻常看見類似的實際案例。

每次到部落、社區、學校、教會宣導或演講，余麗娟都會提出這些案例，拜託社區民眾、教友及老師多一點關懷及敏感度，因這些隱情是警察看不到的，必須藉由周邊力量協助，共同來搶救這些小孩。

余麗娟到部落、學校、教會宣導，建立溝通橋梁並有效結合社會資源，拯救婦女和孩童免於家暴的恐懼。

「泰美族」愛的故事：把小愛轉化成大愛

「基督教晨光兒童之家」是余麗娟在婦幼工作中，感受最溫馨的一段過程，它像顆充滿愛的種子，在許多人的生命裡發芽。

余麗娟是第一位走進晨光之家的人，過去教會多半認為這裡不會有家暴問題，也不希望有政府單位來這裡做宣導。但她走進去了，她的誠意、同理心、關懷、委婉方式被教會接納了，進而延伸協助晨光之家收養政府轉介來的孩子。

晨光之家是泰雅族原住民牧師潘國憲，和美籍女子符蒂娜異國聯姻後，在台東開創出來最美麗動人的一段愛的故事，他們把個人的小愛轉換成大愛，收養無家可歸由政府轉介過來的孩子。

符蒂娜成長在美國德拉瓦州的基督教家庭，學攝影的她，一九九五年大學四年級時，來台灣台東傳道，認識了潘國憲牧師。

1995年符蒂娜從美國來到偏遠台東傳道，認識了「泰雅族」潘國憲牧師，一起傳道和牧師的溫馨接送情，種下了彼此愛苗。

符蒂娜說：「台東地區較封閉，但人很純樸單純，牧師做事只問對不對，很少去管別人感覺如何，也不畏懼別人說什麼，他正直、認真，從不抱怨，當然最打動她的是牧師的溫馨接送情。」符蒂娜愛上了台東，離開時，依依不捨放聲大哭，告訴自己她還會回來。

符蒂娜回美後，牧師也好像若有所失，他遠渡重洋去探望這位有愛心，又有著陽光般燦爛笑容的心上人。潘國憲的愛，感動了符蒂娜家人，一九九七年七月十二日他們在美國結婚，三個禮拜後，一起回到了台東，在此落地生根。

他們生了三男一女，稱自己孩子是「泰美族」即泰雅族和美國人的結晶，並完全融入當地文化中，和這塊土地的人一起呼吸、生活在一起。

晨光之家收養的第一起個案，是一名國中三年級原住民女孩，這女孩的母親在她四歲時因一起意外喪生，母親的死在她心裡留下疑團和陰影，父親後來又和四名女子相繼結婚、離婚。

牧師和師母育有三名小孩 (左起)挪亞，書亞，希亞，她稱三名孩子是「泰美族」，即泰雅族和美國人的結晶。

因父親經常不在家，女孩不上學四處廝混，和哥哥在卑南兒童之家住了一年多，後來她和男友逃離，在梨山被警察查到，因未成年被轉介到晨光之家收養。這名女孩快滿十六歲，超過晨光之家預定收養的年齡很多，但他們還是收養了她。

潘國憲說：「這女孩因從小沒有正常學習環境，叛逆、欺騙，生活習慣也不好，連基本的『對不起』和『謝謝』都不願說。我們無條件去關心她，用更多愛去愛她，希望能夠改變她，成為我們理想中的孩子，她雖有進步，但有時還是會轉回去，多次的失望，差點讓我們喪失再做下去的勇氣。」

曾讓「晨光之家」傷透了心的一名女孩，在愛的關懷下，終究回了頭，如今已結婚生子，組成了愛的家庭。

晨光之家：孩子是上帝祝福我們的禮物

潘符蒂娜說：「轉介來的孩子我們對外不說是收養，而是方便就學住到我們家。她們和我們一起生活，看電影、打球，我也會分配工作讓他們學習，和我自己小孩的教養方式完全一樣。」

一年多後，收養時間到了，這名女孩選擇離開，潘符蒂娜對她說：「無論妳怎麼樣，我們都能接納妳，但妳必須學會對自己的選擇負責，對未來人生負責，我們還是很愛妳和關心妳，歡迎妳隨時回來教會，她點了點頭。」

兩年多後，這名女孩挺著大肚子，已即將臨盆，來家裡敲門，因她當時未滿二十歲，父親無法接受她。牧師說：「我們幫她辦結婚，打理一切，現在她和先生就住在教會樓上，已是兩個孩子的媽。」

第一次和余麗娟到晨光之家採訪，剛好教會在做禮拜，我們從背面看到了牧師和師母所說的這名女孩，她和先生並肩坐著，手上抱著孩子，肚子裡還懷了一個，專注的聆聽牧師在台上證道。

這是一個人真實重生的故事，余麗娟說：「牧師和師母常說，能幫一個就是一個，有一個在這裡就保住一個，她們能過正常的日子，就是我們最大的安慰。」這句話，常在我腦海裡浮起，他們是真正把愛付諸實踐的人，改

變了這女孩和她下一代的生命和未來。余麗娟說話的神情，讓我們看到了她感動和力量的源頭。

到晨光之家採訪的第二次，剛好有一名收養的國中女孩當天畢業典禮，師母挺著即將生產的大肚子，和牧師一起拉著三名孩子，在酷熱天氣下趕到畢業會場，就為了要給這名女孩，獻上一束花和美麗的祝福。看女孩接過花，泛起甜美和一點羞澀的笑容，牧師、師母和他們的小孩也滿足的笑了。

第二次到牧師家中，遇上寄養女孩國中畢業典禮，師母獻上一束花和美麗的祝福，女孩開心的和「泰美族」三名孩子合影。

晨光之家也協助願意轉到國外被收養的小孩，讓他們有更多生活上的選擇。未來他們希望成立安置所，把照顧原住民的小孩，擴大到未婚媽媽、中輟生和貧困、受虐的孩童身上。

晨光之家在東部地區，就像一盞微弱的燈，撫慰著曾經受傷的孩子。他們本身經濟條件並不豐沛，但他們的愛心滿盈，看他們自己養四個小孩，還收養別人的孩子，有人認為他們家是不是瘋了。

余麗娟卻想起師母曾說過：「孩子是上帝祝福我們的禮物，不是負擔，雖然有的禮物也許壞掉了，但在我們的照顧、關心、關愛、修護下，他們仍是最好的禮物，我們永遠不會放棄他們。」

對余麗娟來說，晨光之家正是她工作中獲得的最大成就感，從他們身上，她看見後山鄉野的希望和曙光，這也是她孜孜不倦，永不生悔的驅策力量。

第三次和余麗娟（左）前往牧師家中，他們的第四胎小女孩「潔心」，出生剛滿四個月，余麗娟逗弄著她。

把品質管理的企業理念和手法導入警察工作

晨光之家讓余麗娟深感，任何事情光靠一個人或一個單位的力量都是有限的。在前局長施源欽極力推動為民服務及品質管理之基礎下，她把品質管理的企業理念和手法導入警察工作，在長官協助下，跨局、室成立「薇安圈——降低家庭暴力被害人再度受暴率工作圈」。

她擔任圈長，共同結合台東縣政府社會局、教育局、衛生局、法院檢察署及民間團體等網絡資源，建置被害人安全及服務機制，降低家庭暴力被害人再度受暴率，這作法在各單位是項創舉。

政府機關間的水平整合一向最受人詬病，余麗娟憑藉著善於溝通協調，以同理心化解歧異的女性特質，贏得其他機關人員的尊重及配合，將台東縣的婦幼保護工作做好。

現任台南縣警察局長施源欽，在台東縣任警察局長時建構完整網絡服務平台，獲行政院頒獎，他是影響余麗娟後來發展的關鍵人物。

也因此「薇安圈」的推行讓台東縣警察局獲得行政院經建會「法制再造工作圈銀斧獎」，他們從這工作中獲得很大鼓勵，體會到婦幼問題是未來社會關切的主要潮流和趨勢。

有了薇安圈經驗，余麗娟體會到第一線的重要，她再首創「社區家庭暴力防治官」，在每個分駐所、派出所內，至少培養一名專業家庭暴力防治人員，以迅速在第一時間內，提供實質有效且專業的在地化服務。

余麗娟說：「當婦女慘遭家庭暴力後，第一時間尋求救援的都是各派出所，若第一線處理不當，沒有給予正面回應，會相對影響婦女對政府處理家暴的信心，不但會打退堂鼓，更沒有勇氣再對外求援，因此第一線所扮演的角色相當重要。」

社區家防官角色：協助被害人走出暴力漩渦

台東縣警察局台東分局永樂派出所警員胡國慶，是婦幼隊成立社區家防官以來，做得非常出色的一位：「我第一次處理家暴案是外籍配偶案件，一名越南新娘長得非常漂亮，大學畢業後，嫁來台灣，那知先生遊手好閒，不時向她伸手要錢，性生活需索無度，如果不能滿足就被拳腳相向，時常哭哭啼啼由公公陪同到派出所求助。」

因剛接觸家暴案，他對法令並不嫻熟，只能把她先生叫來派出所臭罵一頓，再放他回去。但現實問題還是沒有改變，這名越南新娘仍在先生拳腳下過活。後來協助她聲請保護令，並在法院協助下調解離婚，終使被害者遠離暴力漩渦。

三年多來，阿美族的胡國慶處理一百多件家暴案，幫助不少婦女重生。工作能量累積，加上看到這麼多受創婦女的悲傷故事，喜愛音樂的胡國慶，有感而發創作了一首《擁抱陽光》的歌曲。

胡國慶歌聲渾厚清亮，他唱著：「我相信灰暗的天空，總有雲開的時候，我相信受傷的女人，總有清醒的時候，妳是否在徘徊，等待當初的溫柔……愛是一種幸福，不是一種奢求，擁抱未來不要繼續承受。讓我陪妳擦乾眼淚，揮別昨日的舊夢，妳的痛我懂……你的愛不應是永無止境的等候……敞開妳封閉的心，妳要相信陽光燦爛依舊。」

胡國慶和他的妻子高美玉結婚近四年，因一直未有小孩，夫妻二人二〇〇七年底，也抱了一名原住民孩子回來收養。

台東警分局永樂派出所警員胡國慶，是婦幼隊非常用心的家防官，他將受創婦女的悲傷故事，寫成《擁抱陽光》一曲，撫慰了婦女的心。胡國慶夫婦發揮大愛精神，收養了原住民小孩。

成功的關鍵：站在別人角度看事情

邱貞菊和余麗娟是警校同學，服務於關山警分局的家防官，處理家暴案件經驗相當豐富。她說：「一名教心算的女老師從西部嫁到東部，先生也是學校老師，二人育有一名小孩，先生精神狀況很不穩定，有一天拿杯子用力往太太丟過去，雖然沒有打到她，但太太無法忍受，而向警方報案並聲請保護令。

「法律保護令下來，面臨關鍵抉擇，是先生搬出去，還是太太主動離開這個家，困擾著雙方，後來，太太毅然決定搬走，因她走比要求先生搬離更容易，她遷到別處租房子，另開間家教心算班。孩子因未受到侵害，仍繼續留在父親身邊，暫時監護權由父親行使，只是這個家已散了。」

邱貞菊是關山警分局的家防官，她說家暴工作是提供夫妻雙方協助，而不是幫他們做選擇。

邱貞菊感嘆的說：

「這名先生雖有家暴行為傾向，但始終放不下妻子，對妻子還有感情，一直想挽回，他去看精神科醫生，做心理輔導，治療病情，努力想改善和改變，也請求法院調解，但都不成。最後女方向法院訴請離婚，拖了兩年，法院以雙方沒有感情基礎，且有家庭暴力事證存在，判處同意離婚，先生至此徹底夢碎，遭受不小打擊。」

台東縣警察局婦幼隊（左起）隊長吳寬智，帶領的女性組員許金允、袁怡蘭、尤惠敏、陳淑萍都是女性中的精英。

邱貞菊慢慢體會到，從事家暴防治官角色，並不能用個案決定被害人未來的生活，只能提供她們想要的，給她們方向和協助，而不是幫她們做選擇，當事人必須學會對自己選擇做負責。家防官也不能把自己角色混淆了，如何在個案中明察秋毫，瞭解事實真相，常是她們面臨的最大挑戰。

辦公室同事談起余麗娟，都認為她細心、用心、積極，會鼓勵人，也會在適時介入幫同仁解決問題，在婦幼隊她年紀最小，但大家都被她認真做事的態度和誠意待人所感動。

「薇安圈」與「社區家庭暴力防治官」能推行成功，婦幼隊長吳寬智總結說：「余麗娟是一位非常有創意和執行力的中堅幹部，她有理想和看法，會嘗試把理想付諸實踐。」

「她做事態度和方式委婉，不強勢但有策略，常能贏得各單位信賴並願充分合作。她最大的特質，是她永遠站在別人角度看事情，給人協助和幫忙，這是婦幼工作內、外能夠順利推展的關鍵。」

余麗娟剖析自己，最大的特質是善於溝通協調，還有堅韌的精神和危機判斷處理能力，而人際關係，是讓她能贏得別人合作的主要關鍵。

最高的榮譽：獲選全國十大傑出女青年

余麗娟和同事在家庭暴力防治法施行之初，即深入轄內各處演講、宣導，結果發現家暴案件不降反升，逐年增加。她們分析發現，很多案子多是被害人隱藏多年，一直到她們前往宣導，被害人才勇於說出受暴之經歷。

過去被害人認為這是羞恥的事，難以對人啟口，即使痛恨在心，也不知如何跳脫苦海，一天過一天，一年過一年，她們看不見明天和希望在那，家防官的出現，給了她們人生轉變的機會。但余麗娟認為，要取得被害人信任，說出自己內心的那塊鬱結，是非常緩慢費時的。

余麗娟評估國內要在婦幼安全上真正見到成效，還要十年的時間，如果被害人報案後發現沒有用，未來的成效勢必大打折扣。

而當前黑數的增加，對警方來說反而是一種好現象，這說明家防官宣導收到成效，被民眾聽了進去，獲得當事人的信任和期待；然而，在未來的十年則應著重在加害人的教育宣導及處遇，才能有效降低家暴案件的發生。

台東縣警察局關山分局小隊長兼任家防官張能為說：「一名婦女因先生外遇，又惡人先出手，把太太照三餐打，大家看不下去，勸她離婚算了，但她卻說，為了孩子，現在不能離婚，等孩子長大再說。等孩子大了她還在先生拳腳下苟延殘喘過日子，卻認為自己沒有經濟能力，必須要靠先生，所以不能離婚。」

「等孩子獨立了可以給她錢過生活，她又說，都忍那麼久了，到現在才要離婚那多沒有面子，更何況離開先生，她也不知道該如何活下去，對孩子在外給人的觀感也不好，這名婦人就這樣在家暴中隱忍，在無法跳脫牢籠下，過著她淒苦的人生。」張能為搖著頭說，很多事的無奈，都是當事人犯了選擇性的錯誤。

關山警分局小隊長兼任家防官張能為說，傳統的道德束縛，讓一些受到家暴的婦女長期隱忍著精神上的痛苦。

社區家庭暴力家防官的設立和推展，雖讓家暴案件所隱藏的黑數大量爆出，但台東縣家庭暴力被害人再度受暴率，卻由百分之二十八．八，降為百分之十一．三。被害人對整體網絡滿意度調查，也由百分之七十提升至百分之八十一。余麗娟和同仁的默默付出，讓她在二〇〇七年，獲選為全國第十九屆十大傑出女青年。

台東縣警察局局長王榮忠認為，警察的角色是很衝突的，一方面要執行犯罪控制的工作，維護社會秩序的安寧；另一方面社會環境則期待警察扮演社會服務者的角色，投入社區警政治安服務。

婦幼安全工作的場域大部分都發生在鄰里社區中，此時，警察除了扮

余麗娟（左一）陪同台東縣警局長王榮忠（左二）在警察局門口，推展轄區防治少年犯罪和婦幼安全宣導工作。

演「犯罪執法者」的角色外，更提供「弱勢保護者」的功能，有別於刑事受理報案那種單純被動式的干預控制作為。

婦幼安全工作強調主動、積極介入保護及預防性宣導工作，這種工作效果是需要長時間深耕、灌溉，無法立竿見影，難以由統計數據中窺探絕對的工作成效。

王榮忠說：「警察的工作是平凡中見偉大，婦幼安全的保護工作更是一份良心的志業，拯救一名受虐兒童或遭受家暴婦女的功德及成就感，並不亞於破大案或緝捕要犯歸案。

「很高興我們警政團隊中能有許多像余麗娟這種有獵人精神的同仁，為這個社會默默付出關懷，在工作崗位上力求突破，不怕困難，勇於挑戰，社會大眾看到各位警察夥伴的努力，更願意繼續支持與信賴警察，我想在荒漠困境中奮鬥，我們不會寂寞。」

進修開啓視野：肯定是責任開始而非結束

對余麗娟來說，受到各界肯定是她責任的開始，而非結束。她同時看見台東的困境及資源缺乏，進而思索自己的不足。為加強專業知識，她選擇自

我成長，遠赴高雄報考高雄師範大學「性別平等教育研究所」，開啟人生不同視野。

東部地區族群眾多，原住民即占了台東人口的三分之一，將近八萬人，上了研究所的余麗娟開始領悟：「過去提到如何面對及幫助弱勢的外來文化和族群時，多是一廂情願的以自己觀點來做設想，忽略了對方處境及感受，因而設計出來的政策及福利措施看似完美無缺、設想周到，但實際上卻充滿了同化、介入意味。

「以前的出發點是從不希望外來文化，污染了本國文化開始，

余麗娟在台東教育電台主持《婦女安全向前行》的廣播節目。

自視甚高的想將少數族群改造成為適應主流文化，將少數族群原有的文化全數抹殺，取而代之的則是精心建立的保護傘。

「這些少數、弱勢團體，包括在漢族文化優勢觀之下被歧視的原住民、東南亞新移民，就只能待在傘下接受保護，愈來愈依賴主流文化庇護，永遠矮人一截，受人歧視。」

余麗娟也因進修而瞭解，處理婦幼工作必須注入不同思維，如性別政治、父權文化的影響及女性自覺等。不僅受暴者、施暴者應施以相關輔導教育，並應將性別教育導入警察訓練，注入性別主流化新思維，才能以不同角度及同理心去看待服務的個案，並做最適切的處理及提供加值服務。

「在保護婦幼路途上，我希望透過協助、溝通、教育與宣導機會，提醒身為少數族群的朋友不要妄自菲薄，應該努力為自己爭取權益。而社會提供給少數族群的應是公平、正義的法律位置，以及多一點包容、尊重眼光。同情並不等於同理，以同理心來對待弱勢族群，才是真正關懷他們的作法。」

余麗娟把內心的看法、觀點、見解和努力方向，說得透徹明白。研究所的進修學習，讓她的思維「從法制的角度轉到性別來看家暴事件」，而不只是站在被害人立場看事情，也在加害人身上看，這是她學習後的最大轉變。

老師的話：在選擇中賦予生命的意義和價值

我們到高師大採訪余麗娟研究所教授謝臥龍，他首創國內第一所性別平等教育研究所。他在課堂上指出，學習性別平等教育後思維可以更活絡，更接近當事人，也符合社會脈動。

但離開課程那才是真正世界，如何將理論吸收、轉化，提出精闢的論述和觀點，運用在工作、家庭、生活和社會上是最大的訓練，同時也應重視人和事對應的能力和對話的空間。

謝臥龍教授平易近人，他說：「專業發展可以有這麼多選擇，我們如何在自己的選擇中賦予它意義和價值，而且是生命的價值，那你的想像與作法將完全不同。」他認為余麗娟已明確的在追求她的生命價值。

余麗娟是高師大第一位就讀的警察人員，研究所所長蔡麗玲非常看重余麗娟的能力，蔡麗玲認為，如果在各工作領域推展上，有少數人對性別平等有感應，就會在業務上多做思考，實際工作的推廣落實就能較快。

家暴多數起於強者形象的被挑戰，多因父權思考。而男人不一定要當強者，對男性來說，這是很大的壓力，如果處理不好，就會變成情緒上的壓力和暴力。而家暴，是不是落在女性身上，男性如何認識家庭暴力的產生，文

化的背後成因都值得探究。

余麗娟一星期上兩天的課，為了趕早上八點的課，她在高師大旁邊租了一間房子，星期一晚上下班就出發，一趟路搭火車要三個小時。星期三晚上下課，再搭火車回台東，進家門常已深夜十點多。

我們到她學校採訪，瞭解她上課情形，放學後，和她一起開車回高雄，才知道這趟求學路是多麼的遠。而她因選在星期二、三上課，星期六、日就必須回到辦公室補班，又得放棄和家人相處的時間。

余麗娟是高師大「性別平等教育研究所」第一位就讀的警務人員，研究所所長蔡麗玲（右一），和謝臥龍教授（右三）都開啟她人生不同視野。圖為余麗娟和研究所老師、同學合影。

溫暖的家：努力卻又愧對的心情

余麗娟和先生李建宏都在台東縣警察局服務，他們育有兩名女兒，一名九歲，一名七歲，到他們家採訪時，兩名女兒笑嘻嘻的在門口招呼，拿拖鞋給我們穿，可愛得不得了，兩人都彈得一首好琴，全家和公公、婆婆住在一起，是一個和樂美滿的家庭。

但談起家人時，余麗娟神采多了些愧疚，她說：「我陪伴家人的時間太少了，還好有體諒的先生和公公、婆婆。」就像她九歲的大女兒李庭攸所說：「媽媽一天到晚在忙，好不容易有空陪我，就是叫我彈琴、做功課。」這是身為職業婦女無奈之處，也是她生活中最大的考驗。

余麗娟兩名可愛又傑出的女兒庭攸（左）、庭薰（右）參加都會盃鋼琴比賽中拿了雙冠軍。

陪余麗娟從高雄學校下課回台東路上，她兩名女兒庭攸、庭薰，晚上在文化中心有一場都會盃鋼琴比賽。陪女兒前往的李建宏，賽前打電話給余麗娟要她和女兒說幾句鼓勵的話，她接過電話，叫著女兒的名字說：「不要緊張，就像妳平常一樣，用平常心面對，妳一定會表現得很好。」

我不知道，她九歲和七歲女兒能懂嗎？她雖然又缺席了，但那平和的口吻，殷切的叮嚀，母親關愛的心溢於言表，在車上的我們都感受得到，她恨不得有對翅膀，能馬上飛到現場給女兒加油打氣。

■ 余麗娟的先生李建宏，是支持和鼓勵妻子向前行的最大推手。

女兒在電話中問她，「妳什麼時候到家？」她說：「等妳表演結束回家，我就到家了。」女兒的窩心，母親的哄語，在在讓人感受他們家人情感的真摯。而她的兩名女兒也給了母親最好的禮物，在都會盃鋼琴比賽中拿了雙冠回家。

余麗娟說：「在我追求自我實現的過程中，兩個寶貝總是在我拖著疲憊身軀回到家後，帶給我歡樂與喜悅，老大才華洋溢令我驕傲，語文、音樂、數學都有突出表現，老么生性樂天，天真可愛，跳起舞來動感十足。」

談起婆婆對她的愛護，和對家的照料，余麗娟一再表示自己太幸運了。她婆婆直說，媳婦就像女兒一樣，她工作很辛苦，真的很讓她疼惜，說著，眼眶都紅了。很少看到婆婆如此疼惜媳婦的，看了都讓我們感動不已，更感受到他們的善良。

重要的不是一個人能付出多少，而是她願意放棄多少

對余麗娟不顧自己身體，賣命工作，李建宏相當心疼。她曾因操勞過度，導致顏面神經麻痺，讓家人和同事十分擔心。但痊癒了以後，她卻還是像拚命三郎一樣的工作。

「我其實是一個重視家庭的人，但工作、學業、家庭三方面，橫在我前面，每一個都很重要，我努力去做，去達成一切，也都想做好，但我內心卻因未能有更多時間陪家人，而懷抱著對他們的愧疚。坦白說，我也有累的時候，但只能往肚子裡吞，卻無法對任何人說！」余麗娟哽咽，眼中含淚，但這位堅強的母親還是沒有讓淚水流下來。

■ 余麗娟全家和公公李鼎寶、婆婆涂祝英，在餐桌前的家庭合照。

對妻子的付出和辛苦，年輕的李建宏很瞭解背後的原因，但他也不是沒有抱怨的時候。李建宏曾寫了一封信，描述他的妻子及身為她丈夫的心境：

對於她的一切，老實說我是很自私的，以往的她是屬於我的，而如今她好像屬於孩子的、屬於婦幼隊的、屬於警察的、屬於神聖使命的。我當然會不平衡了、當然會有所怨懟了、當然會心生不滿了，因為，我說了，我是很自私的。

她的生活就是一連串的公文、電話、會議、案件、課業、演講、進修、訓練、宣導及火車通勤時間，我常在想我的重要性到底比不比得上，她所關心的一個超小型8G的隨身碟？

會有所成就一定會是這樣子的分身之術吧！只是這些成就的代價太大了，甚至超過了她所能負荷的程度，而她有時尚不能自知，她靠意志及個性在支撐著，儘管她的身體及精神都出現了警訊。看在眼裡，我嘴裡不說，但我心裡的自私又油然而生，我心裡的怨懟又憤然而起，因為這自私及怨懟的背後，當然是身為老公的不捨！

讀了先生的信，余麗娟說：「這一路走來，原來我要感謝和道歉的人這麼多，在我追求自我實現的過程中，先生總是守在一旁默默支持我、協助我，讓我無後顧之憂，沒有他的扶持，就沒有今日的我和家庭。」

余麗娟是一位反省能力非常強的人，她有一種無法說出的親和力，和她相處因此感到自在。而最讓我們不捨的是，她表現傑出，家人、同事、同學、老師都如此器重她、看好她，但其實在生活和工作中，她心裡卻埋著許多愧疚。

我問她，為何要如此搏命？「我也曾想過，可以不用如此拚命，但就是有一種說不出的內在使命感在催促著我，讓我無法停頓、割捨和放棄。」她頓了一下，我們卻找到了那份給她支撐的原動力。

余麗娟接著說：「當受虐孩子的眼睛不再哭泣，受虐媽媽的雙手不再顫抖，那所有的辛苦和努力都是值得的了。」此刻，她的神情，如堅石般剛毅，像極卡繆筆下《薛西弗斯神話》中故事的主角，使盡全力推動著石頭，把它推上一個陡升斜坡，扭曲的臉緊貼著石頭，而那張臉，也早已經變成了一塊石頭！

她讓我想起《風之影》小說裡的一句話：「有時候重要的不是一個人能付出多少，而是她願意放棄多少。」

第三篇 登山客守護神

高松文

族別 布農族　**原住民名字** E.B 伊比

生日 一九五九年十二月二十二日

學歷

省立內埔農工職業學校

現職

台東縣政府警察局關山分局利稻派出所副所長

從警前經歷

高中畢業服役領導士官班四年半

退伍後三年在家務農

一九八八年至一九九〇年服務於甲仙工務段

警專期別

台灣警察學校甲種警員班一三二期

警察資歷

一九九一年六月警察學校畢業——分發至台東縣警察局關山分局

一九九一年六月調台東縣警察局關山分局利稻派出所

二〇〇二年九月調關山分局向陽派出所

二〇〇六年一月調回利稻派出所

目前資歷：十八年

家庭背景

妻子、一子一女

最喜愛的事
運動、音樂、書法
最驕傲的事
完成高氏家譜
影響的關鍵人物
我的父親與母親：賜予我健康及善良的心
我的家人：舉薦我進入警察學校，讓我生活有憑藉及發揮自己的潛能

杜振昌

族別 布農族 **原住民名字** 一邵
生日 一九六六年十一月二十日
學歷
省立內埔農工職業學校
現職
台東縣政府警察局關山分局向陽派出所警員
從警前經歷
退伍後三年在家務農

在台中做水泥工

警專期別

台灣警察學校甲種警員班一三二期

警察資歷

一九九二年六月警察學校畢業——分發至台東縣警察局關山分局

一九九二年六月調台東縣警察局關山分局利稻派出所

二〇〇三年九月調關山分局向陽派出所

目前資歷：十八年

家庭背景　妻子、一子一女

最喜愛的事　運動、爬山

最驕傲的事　為登山客服務

籍貫　閩南人

生日　一九六二年十月二十七日

學歷　省立台東農工職業學校機工科畢業

楊坤樺

現職

台東縣政府警察局大武分局大武派出所巡佐

從警前經歷

高職畢業後在製造車床工廠、電鍍、鐵工廠工作共一年

警專期別

台灣警察專科進修班第六期

警察資歷

一九八二年五月警察學校畢業——分發至保一總隊四大隊隊員（機動大隊）（北投）

一九八三年七月調台東縣警察局大武分局警員服務十年六個月（山地所服務八年）

一九九三年十二月調台東縣警察局成功分局升巡佐服務六年（其中任安檢漁港所主管四年）

二〇〇〇年二月調台東縣警察局關山分局服務八年六個月（其中任埡口派出所兩年、向陽派出所所長五年）

目前資歷：二十六年

家庭背景

未婚、父親國小老師退休、母親去世

最喜愛的事

行善、誦佛經、欣賞大自然的寧靜

興趣
彈吉他、健行運動、與朋友泡茶聊天

影響的關鍵人物
我的父親與母親：推薦報考警察學校及支持我從事警察工作

理想
過著自在淡泊的生活

高褚衍平

族別 阿美族　**原住民名字** 陽賓

生日 一九六一年二月十日

學歷
省立關山工商職業學校

現職
台東縣政府警察局關山分局向陽派出所所長

從警前經歷
高職畢業一年在家務農

警專期別

台灣警察學校甲種警員班一〇九期

警察資歷

一九八二年五月警察學校畢業──分發至保安警察第一總隊

一九八三年五月調基隆市警察局保安隊一九八五年調霹靂小組

一九八七年六月調關山分局下馬派出所

一九八八年十月調關山分局霧鹿派出所

一九九二年十二月升所長調關山分局向陽派出所

一九九八年八月調關山分局池上檢查哨

二〇〇〇年八月調關山分局警備隊

二〇〇二年三月調關山分局關山派出所

二〇〇四年十二月調關山分局海端分駐所任副所長

二〇〇六年三月調關山分局錦安派出所任所長

二〇〇七年六月調關山分局鹿野分駐所任副所長

二〇〇七年十二月調關山分局向陽派出所任所長

目前資歷：二十七年

家庭背景

妻子、一子二女

最喜愛的事

運動、爬山、浮潛、游泳

最驕傲的事

為登山客服務

天使的眼淚：國內最大高山湖泊嘉明湖

二月時節，中央山脈南段主稜上，標高海拔三千三百一十公尺，被稱為「天使的眼淚」的嘉明湖，已是一片冰天雪地。

台東縣警察局關山分局向陽派出所擠滿了人，從嘉義搭遊覽車前來的二十多名中正大學學生，他們正在辦理入山登記，準備翻越「向陽山」和「三叉山」兩座險峻百岳，一窺這座由隕石撞擊而成，湛藍、迷人、神秘，國內最大高山湖泊的「嘉明湖」。

年輕同學們滿心歡喜，心情上並未受到天候不好影響。派出所所長楊坤樺、布農族警員高松文、「小杜」杜振昌，以在山上駐守十多年的經驗，苦口婆心勸同學說：「寒流來襲，山上天氣惡劣，且瞬息萬變，一不注意就有可能發生意外狀況，尤其更可能造成失溫，這時候最好不要冒險上山！」

■ 嘉明湖位在三千三百一十公尺高，被稱為「天使的眼淚」，長約一百二十公尺，寬約八十公尺，深約三十五公尺，是台灣第二高，但卻是最大的高山湖泊。

同學七嘴八舌討論著，一趟路這麼遠來，都準備好了，大家都不願放棄這個難得的機會。該隊事先已依法向警政署申請入山證，熬不過全體同學強烈要求，警方無法強制攔阻，遂讓其入山，並再三叮嚀領隊及副領隊，入山後如遇天候狀況惡劣或隊員有身體不適，應即撤退勿勉強登山。

隔日清晨五點，海拔二千三百一十三公尺的向陽派出所，籠罩在一片雪茫茫中，玻璃上濃濃寒氣，阻絕了視線，所裡同仁都還瑟縮在被窩裡。

■ 前往嘉明湖要先在向陽派出所辦理入山證，警員杜振昌在一一核對入山人身分。

矇矓中，警員高松文好像聽到有人急促敲擊派出所玻璃大門的聲音，並大聲呼喊著，他穿上大衣，冷得發抖地爬起來查看。

昨日帶中正大學同學上山的一名幹部，急切敲著大門，上氣不接下氣的說：「快幫我們！一名男同學昨天中午到嘉明湖避難小屋後，就出現頭暈不適的高山症狀，到晚上，氣上不來，呼吸咕嚕、咕嚕，有水的聲音，已快昏迷，能不能快點，想辦法派人上去，救他下來！」

山難救人：暴風雪中勉力而行

高松文把所長叫醒，小杜也已被驚醒，所長通知消防隊配合後，上午八點共六人上山救援。中央山脈早已覆蓋在皚皚白雪中，幾乎把上山的路完全蓋住。大家一路未停，途中又下起冰雹，但仍挺著直接攻上嘉明湖避難小屋，到達時已是中午十二點三十分，走了近四個半小時。

趕到避難小屋時，壯碩的李姓同學已陷入昏迷，救難人員用帶上來的氧氣筒急救。下午四點，暴風雪稍歇，大家把李姓同學放在帶來的背架上，讓李姓同學穩穩的坐著，再用尼龍繩綁緊。

身材不高的小杜，背著足足比他高一個頭的李姓同學一步步下山，此時又颳起大風雪，寒風刺骨，暴風雪遮掩了來時路和視線，積雪已達寸步難行。小杜雖撐著，仍難以避免跌倒，大家輪流背著李姓同學在雪中勉力而行。

但到晚上十一時許，經過了近七小時跋涉，所有人已筋疲力盡，李姓同學在小杜背上斷了氣，年輕生命就此逝去，葬身在虛無飄渺深山中。而回頭路還走不到一半，可想見當時救難之艱辛。

此時，中正大學兩名女同學在回程中，也開始出現失溫，小杜等人把已死亡的李姓同學，先行安置在向陽山上隱蔽處。用扶的、背的先護送兩名幾近失溫女學生下山，安全到達派出所時，天已亮。

■山中詭譎多變的氣候，是發生山難意外的主要原因。圖為警方搶救意外的登山客。（向陽派出所）

警員杜振昌說：「回到派出所時，李姓同學家屬已趕到，我看到家屬那種殷切期盼親人歸來的眼神，和獲知失去親人後的哀傷，我的內心有如被撕裂般痛楚。所有疲倦都被這一幕沖淡了，我和同事休息一下後又上山，憑著一股意志力，把李姓同學遺體背下山。」

台東縣警察局關山分局副分局長曾輝宗（左一）說：「就靠這些救難裝備，警方必須在第一時間內趕往山區執行救人任務。」圖為現任向陽派出所所長高褚衍平（左二起），利稻派出所副所長高松文，向陽派出所警員余正義、賴雲龍、山中救難第一人杜振昌。

「同學一片哀戚，後悔莫及，我們也自責不已，更因昨日未能即時強烈勸阻同學上山，而引以為憾！」時隔三年多了，小杜談起這段經過，仍歷歷在目，只是這一段痛苦的回憶，他希望從未發生過。

在風雨中前往嘉明湖，更能體驗出警方高山救援時的艱苦和困難。

不堪回首：刻骨銘心的救援故事

一名同學事後回想，對警員高松文說：「山難死亡的李姓同學，身高一八五，是運動健將，身體很好，曾爬過百岳，從嘉義來時，沿途在車上還不斷向遊覽車司機，談自己登上百岳的英雄事蹟，相當開心。但他這次上山前就有點感冒，沒有想到卻因天候惡劣，失溫而奪走了他的寶貴性命！」

小杜等人將李姓同學遺體輪流背下山後，當天遺體就放在派出所前面，後來再送往殯儀館存放，高松文被指派前往和檢察官做相驗。

二〇〇八年五月中，到台東縣警察局關山分局採訪布農族高松文，他已從當時向陽派出所，調到利稻派出所擔任副所長，提起這段刻骨銘心的山難救援故事，記憶猶深，但也有著不堪回首之感慨！

高松文回憶道：「驗屍回來當晚，我睡覺時夢到自己在派出所值班，李姓同學遠遠從派出所對面慢慢走過來，有如山上的雲飄浮著，沒有講一句話。」事後猜想，李姓同學應該是回來向他道謝和道別的。但事情發展並未就此打住。

「向陽山屋」是由人工背運建材搭建而成，可同時容納上百人臨時過夜，是登山客的中途驛站。

採訪高松文隔天，他和現任向陽派出所主管——阿美族的高褚衍平，陪我們走一趟嘉明湖，體驗這段山路崎嶇行程，探究它的美和足以致命的吸引力所在。

從派出所出發到嘉明湖共十四公里，會經過「向陽小屋」和「嘉明湖避難小屋」，來回行程最少需要兩天一夜，我們本來預定三天兩夜走完。

大清早出門時，天上飄著雨，但天氣預報說，明日會放晴，來向陽已第二趟了，上次因雨改期，這次，心想雨不大，再擇期，不知又要等到什麼時候，箭在弦上不得不發，穿著雨衣，一行五人就往登山口出發了。

雖下雨，但對我們來說，仍有著一絲期待，也不以為苦，反而有種樂趣，而且更能體會警察同仁在天氣惡劣狀況時，救人的實際體驗和感受。從登山口到「向陽小屋」，一小時多一點就到了。

■ 向陽山西南側因地質關係，常會發生山壁崩塌，因此形成「向陽大崩壁」自然景觀。

美的吸引力：爆開玉山杜鵑猶如花球

第一個挑戰，是過了向陽小屋後的「大關山峭壁」，二、三百公尺長的六、七十度陡坡「好漢坡」最艱辛。出發前警察同仁給我們的提示，並不誇張，這真是走過最累的陡坡了。

陡坡中布滿大大小小石頭，形狀似水壺的「壺穴」，這些壺穴，原來應該是在河床上形成的，卻能在海拔二千多公尺高山看到，相當稀奇和難以理解，大自然造物的巧奪天工，讓人浩嘆！

山路雖艱險和疲累，再加上沿途風雨不斷，仍多的是美得出奇的風景，著名「玉山圓柏」，樹幹白色蒼勁，迎著強烈山風，矗立在森林界線上，是針葉樹唯一在此高山生長之植物，望之讓人敬畏。

■ 生長在海拔三千公尺高的玉山杜鵑，開遍整座山谷濕冷的山徑中，有如花廊般，透露出春意盎然的氣息。

■ 「玉山圓柏」是台灣針葉樹種，分布在高海拔地區，因冬季積雪及風勢強勁，才壓成駝背的模樣，宛若一幅渾然天成的山水畫。

往前推進，則是「中央山脈南段的驚嘆號」——埡口大崩壁，和「睥睨山林白巨人」——白木林，無邊無際開展，雖在雨中，仍心曠神怡。疲累在一連串驚艷中，時而舒緩。看到精幹壯碩大樹，參天而立，或已幾百年、幾千年，仍不改其色矗立在山中，更發覺人的藐小，體會到滄海之一粟的感覺，敬天畏地之心在此特別的深。

滿山谷爆開玉山杜鵑，猶如花球，連綿整片山谷，美不勝收，那種蔓延恣意開放的盛況，可用「囂張」來形容！

■ 從「向陽大崩壁」遠眺「埡口山莊」，細長的南橫公路如涓涓流水般秀氣。

神鬼交鋒：用敬天畏地的心去面對

第一晚，我們夜宿嘉明湖避難小屋時，卻又發生諸多離奇、難以理解的神鬼交鋒故事。當晚八點不到，大家在小屋外欣賞完高山上美麗變幻的夜景後，和派出所用無線電通報了平安，大家就入睡了，沒多久，小屋裡鼾聲此起彼落。

夜裡，陪同我們上山的高松文，再夢到三年多前，山難死亡的李姓同學在小屋外幽幽徘徊，他感覺心頭好像被什麼壓住一樣，非常悶緊和難受，但又一直掙脫不開！

隔天清晨，要攻頂上嘉

入夜後，月光從窗外照進避難山屋，無形中增添幾許神秘氣氛，一些神鬼交鋒的故事因此而流傳著！

明湖時，他私底下，透露了這段經過。並說，當時他內心一直禱告，才漸漸平靜下來，驅散了纏身夢魘！他說得平靜，但看得出來內心確實受了一番震盪，因他昨天採訪時，才提到這位同學。

同行攝影邢定威，當晚就睡在高松文隔壁。阿威因有點高山症不適，一夜未眠，正好目睹高松文被壓床經過。

阿威說：「高松文用棉被壓在頭上，喊著：『不要、不要！』我想他是今天爬山太累在做夢了，但沒有想到，他竟夢到昨日訪談中的李姓同學。」這難道是日有所思，夜有所夢。

而在高松文和阿威說的那個夢魘時間，我也因入夜後，溫度下探到五度以下，墊了兩層睡袋，蓋著一層毛毯，仍冷得發顫醒來。但因太黑了躺在床上不敢起身，看到高松文起來拿著手電筒要上廁所，才請他陪我到儲藏室拿了一條毯子蓋上。當晚，我還不知高松文剛經歷了一場噩夢。

長久以來，岳界即有嘉明湖鬧鬼傳說，曾有山友說，有一次隔天睡醒後，整個帳篷被移到四、五百公尺遠的靈異事件。此行之旅，不知是巧合，還是冥冥中自有其難解定數，對這些親身經歷無法解釋的事情，大家都面面相覷，只能用更敬畏的心去面對！

三叉山事件：警察和原住民救援覆沒

快到嘉明湖目的地時，抬頭往上看，是百岳中的三叉山，這裡曾發生國內第一件「空難和山難」結合的「三叉山事件」。這起當時震驚世界的意外事件，共死了五十二人，對當地人來說，可謂神鬼同泣，難以磨滅和忘懷。即使到了今天，它還是被人傳誦最多的故事。

「三叉山事件」是發生在一九四五年八月十五日，日本無條件投降，太平洋戰爭結束，九月十日左右，一架美國軍機自菲律賓，載運日軍俘虜營釋放的美國軍官返國，飛機在中央山脈三叉山東北方約六公里處撞毀，機上二十六名乘員全部罹難，階級最高的是少將。

■向陽派出所是台東縣海拔最高的派出所，標高二千三百一十三公尺，他們送棉被、氧氣筒到山上，救過無數登山客，被稱為「登山客守護神」。（向陽派出所）

日治時代，關山理蕃警備道上設置的「向陽駐在所」，即為今天的「向陽派出所」，當時的編制為五位警佐。（關山警分局——史蹟文物館）

當時，為台灣及日本政府交接過渡期，日本仍發動關山鎮內阿美族、布農族、平埔族原住民及平地人前往救援，卻在山上遭遇超級颱風肆虐，導致二十六位救難英雄在山上罹難。巧合的是救難死亡人數，和墜機死亡人員正好相等，以致後來出現了許多靈異傳聞。

台東縣警察局關山分局副分局長曾輝宗說：「分局內成立警察史蹟文物館，目前還保留了三叉山美軍軍機油桶殘骸，讓這段可歌可泣的警察和原住民高山救難事件，不會被後人遺忘在灰燼之中，有很深的紀念價值。」

台東關山警分局的警察史蹟文物館，還保存著三叉山空難事件遺留下的美軍飛機殘骸。（關山警分局——史蹟文物館）

萬人朝聖：美景中的危機

雖然山路崎嶇艱險，靈異事件時有所聞，但登山客仍絡繹不絕。向陽派出所統計，我們來的這個假日，兩天內就有近三百人登山進入「向陽國家森林遊樂區」，二〇〇七年，有近萬人上到嘉明湖朝聖。

向陽派出所位處偏遠深山，離最近醫院和保養場往台東方向，到關山約六十四公里，車程來回需三小時；往高雄方向到高雄縣寶來，往返也需四小時，如有民眾需緊急救援，等救護車來再護送下山，可能早已失去黃金急救時機。

李姓同學的死亡，給了向陽派出所同仁很大震撼，對一心向佛茹素的當時所長楊坤樺來說，更是深感難過！找到楊坤樺時，他

■ 從嘉明湖的群山，可遠眺雲霧中的台灣屋脊「玉山群峰」。

已從服務七年的高山向陽派出所，調到平地的池上檢查哨。

平地人的楊坤樺低調謙和，一再拒絕採訪，經過台東縣警察局長王榮忠勸說，他才願開口談自購器材，自費買棉被和氧氣筒放置在嘉明湖避難小屋的初衷，但從頭至尾，還是堅拒拍照。

非常木訥的楊坤樺說：「山難事件很難預料，但多做一分準備，就能減少不幸發生，每次看到遊客快樂登山，卻在登山後，因不適應瞬息萬變的高山氣候，陷入失溫或高山症昏迷，在垂死一線間掙扎，和死神搏鬥，就非常難過！

「看到山難死者家屬肝腸寸斷，派出所同仁頂著狂風暴雪，在險峻高山中，背著山難傷者、死者，寸步難行的接駁身影，深深啃蝕我的心！」

親自體驗走了一趟嘉明湖，我們瞭解到為什麼無數登山客，被如夢似幻的湖吸引，冒著高山症、失溫、摔倒的路程危險也要前來。更體會到，山難時背著人在山中行走，是如此的艱難和不易，更增添了我們對這群默默在山上派出所救援的「登山客守護神」警察生起由衷敬意。

■ 嘉明湖山屋內的急救用氧氣筒，都是警方自行送上山，供登山旅客使用。

嘉明湖美景：隕石撞擊的高山湖泊

我們到達嘉明湖時，剛好例假日結束，又遇上連綿細雨天氣，放眼望去，湖邊空無一人。從山上望湖面空靈飄渺，美得有點不帶真實感。等我們往下走要到湖面朝聖時，天氣卻突然放晴，雲霧慢慢沿著湖面散去，湖泊周圍翠綠草原，一望無際，壯麗動人，寬闊得令人泫然欲泣。

下到湖面，雙手合十，對著湖膜拜，感謝天公、山神、祖靈讓我們平安到達。湖水清澈，湖中並沒有魚類等大型生物，深不見底的湖水，反射著天空顏色，宛如綠色山脈中一顆耀眼藍寶石。

長約一百二十，寬約八十，深約三十五公尺的嘉明湖，湖面寬闊，終年湖水豐沛，水質清澈，周邊布滿大小碎石，卻不見風化土壤。

「嘉明湖」寬闊的湖面周邊布滿大小碎石，內含石英顆粒，有極端碎裂的現象，經科學家證實是由隕石撞擊而成的高山湖泊。

經濟部中央標準局曾請專家鑑定，湖內某些碎屑表面有高溫熔化痕跡，石頭內之石英顆粒有極端碎裂現象，附近沒有任何火山，也無冰川和冰雪移動侵蝕痕跡，是隕石撞擊而產生的高山湖泊。

菩薩心腸：楊坤樺自費買棉被和氧氣筒

美的行程中，有著往返山路艱辛和變幻莫測天氣的挑戰，潛藏著不少危機。救難設備不足，和那種在冰天雪地發生事故時，叫天天不靈，叫地地不應的無奈挫折感，令生命的脆弱在此感受特別深。

楊坤樺在向陽派出所擔任主管時，把這份感受轉化成實際行動力，自購手提無線電兩台，並自行裝置，提供號碼供登山客緊急時聯絡，就算有突發狀況要登山客返回，同仁也不用冒著艱難任務進入深山聯絡。他又自購裝設衛星電視，隨時掌握氣象資訊，及時勸導登山客，勿冒險進入深山，全力做好入山管制把關工作。

嘉明湖山屋內的禦寒用品，都是由向陽派出所前所長楊坤樺自費購置。

員警杜振昌背棉被到山屋內供登山客使用。

他更四次自掏腰包，購買棉被、禦寒毛毯、氧氣四桶和流量表、鼻導管，請山地青年和同仁杜振昌送到嘉明湖避難山屋，供登山客使用，防範山難事件發生。多年來，無數登山客受惠於這些救命物品，「登山客守護神」的點滴故事，被從山上慢慢傳到平地。

我們夜宿嘉明湖當晚，感受到山上氣溫入夜後是如此奪命，也進而體會到楊坤樺捐贈運送上來的棉被和毛毯，是如此的實用、溫暖和溫馨。

楊坤樺不但有著菩薩心腸，他也像故事中多位警察一樣，承襲著「獵人精神」，把自己的感受和經歷，用具體行動來實踐和改變，救了很多登山客的命，更溫暖無數人的心。

鐵人警察高松文：原住民中的異類

和我們一起上嘉明湖被靈異纏身的高松文，是布農族警察。十八年警察工作，考績都是甲等的他，就在利稻、向陽兩個派出所服務，這裡的主管和警員大都是原住民警察，除了保護當地居民安全，對大自然界的生態保育，和協助山難救援是主要工作。

高松文不菸、不酒，是原住民中異類，他是天生運動好手，國中練鉛球、高中是拳擊選手、軍中打橄欖球，現在每天跑步、打籃球、舉啞鈴、做伏地挺身、仰臥起坐，家裡三台健身器材，用「鐵人」形容他一點也不為過。最特別的是，他能寫一手好毛筆字，口琴、吉他、唱歌，樣樣精通，還參賽得過名次。

他太太陳燕華是平地人，在桃源鄉從事土地代書，也是當地唯一代書。他太太很能幹，代書生意做得好，還完全融入原住民生活，能編織具有原住民風味色彩的手提袋，成品深具創意和巧思，一點不輸名牌包包，她的作品多數義賣捐獻原住民同胞。

■布農族的高松文家中有三部健身器材，他是宅男型的運動好手，標準的鐵人警察，後面坐著的是高松文妻子陳燕華。

爬山過程中，高松文一一為我們解說山中奇景、典故，和最不願回首的山難發生和救援過程。他說：「向陽山是到嘉明湖必爬的山，我們布農族稱這座山為『蘭烏斯滔臘』，『蘭烏』為啞巴的意思，『斯滔臘』則是利稻村的一名獵人。」

「相傳早年，在南橫利稻村有一名布農族啞巴獵人，有次為了追尋獵物到向陽山區來，最後卻因天氣寒冷失溫凍死在山裡，後代子孫為了悼念這位獵人，就以他的名字來稱呼向陽山。」很多人白天看向陽山是如此平易近人，到夜晚有時不慎，就變成吞噬生命的惡魔。

南橫公路上的利稻村是布農族原住民聚居部落，也是沿途上最大的河階平原，群山環抱的幽靜氛圍，宛如世外桃源。

和高松文一起上嘉明湖時，見識了他的體能，在山中行走，臉不紅氣不喘，如果不是陪著我們，他一下就消失在曲折的山路中。對如蝸牛步伐的我們，從他眼神中，可以感受到一絲憐憫和微微不耐，就知道在高山中，我們是多麼貧乏和缺乏鍛鍊。

布農族身材平均不高，小腿短小而精幹，善於在山間行走，能夠長時間勞動。他們體力非常好，背負力驚人，能夠背負一百五十斤到二百斤重物，翻山越嶺而不以為苦，即使是女人也是如此。所以當山難發生時，大都是由布農族警察負責背負傷者和死者下山。

悲喜交集：和天地搶時間和人命

談到山難救人經驗，五年前，清華大學博士班候選人吳子琿，在嘉明湖溺斃往事，也讓他至今難忘。

高松文和小杜說：「吳子琿和同學及校友共九人組成登山隊上山，領隊吳子琿先抵達嘉明湖，因他過去也未曾來過，向隊員說自己先下去嘉明湖看看，沒有想到下水不幸溺斃。消防局出動直升機和橡皮艇搜救，花了兩小時才在湖中央深處，將死者撈起。」

當時已經是下午四時，山上天氣起霧，能見度不佳，直升機不宜飛行，遺體暫時放置嘉明湖湖畔，杜振昌和消防局人員輪流看顧遺體一夜，隔日一早搬運到嘉明湖上的停機坪，由直升機載運下山。

登山客傅文君是山難中被搶救回來的少數案例，傅文君和十多名友人，四年前，前往嘉明湖，晚上十點左右，傅文君在避難小屋發生高山症，領隊向警方求援，高松文、小杜立即趕上山，和接送山難者朋友在「向陽大崩壁」會合時，傅文君已呈昏迷狀態，非常緊急。

杜振昌說：「我們向消防局同仁建議，申請直升機前來救援，但直升機飛來準備救援時，山上卻突然起霧，直升機看不到我們的方位，且當時下降也有困難，直升機無功而返。

「這時傅文君已不省人事，我們都心急如焚，大家撐著，用接駁方式，以最快速度趕下山，那時速度幾近小跑步，花了三小時到達派出所，救護車已在那裡等待，把傅文君急送往醫院，救回寶貴一命。」向陽派出所掛有一面閃閃發亮的匾額，就是傅文君獲救後，請人送過來致謝的。

山中第一人：杜振昌

高松文和杜振昌是山地警察中「救難急先鋒」。兩人淵源深，在山難救援更是最佳拍檔，有著惺惺相惜的情感。小杜因人長得小，大家習慣叫他「小杜」，但他又經常要糗高松文，雖然姓「高」，但卻長得不高，逗得大家哈哈大笑。

高松文比小杜大五歲，兩人同族、同鄉，同一年一起考進警校，後來又同隊、同班，畢業後，兩人又都被分發到利稻派出所服務。他們兩人不止是生命共同體，後來，還親上加親，高松文妹妹嫁給小杜二哥，成為他的嫂嫂，小杜表妹也嫁給高松文堂弟。

就山地服務警察來說，駝背山難者下山，布農族出身的杜振昌，可說無人能出其右，連高松文都佩服小杜這份神力，和堅強意志力。小杜卻謙稱，有時也要靠些技巧，他們把山難者用架子固定綁好後，置於背後，繩索繞過來繫在額頭上駝著。

■ 杜振昌家裡客廳牆壁上，掛滿了他救人的獎章和獎狀。

根據布農族文史工作者調查，布農族是台灣高山族群中，居住在最高海拔的原住民，他們早期活動在中央山脈兩千多公尺以上高山，以狩獵維生，各家族自有其獵場，互不侵犯。

台灣過去兩支高山族群——鄒族和布農族，都同樣擅長奔馳在中央山脈，但因獵場重疊，兩族發生過多次激烈戰爭，善於高山作戰的鄒族勢力範圍一度擴張至向陽山，布農族在嘉明湖展開伏擊，擊退鄒族，驍勇善戰的布農族一戰成名，鄒族從此未再越過向陽山。

因此，沿著嘉明湖往向陽、埡口大崩壁、大關山箭竹林至向陽步道，也就是南橫公路沿線，都有布農族遷徙下山的足跡。而當時，布農族人只要擊退搶奪獵場的對手後，就會圍繞著嘉明湖「報戰功」，向部落婦女誇耀自己的戰績。

國內著名的高山地理探勘學者楊南郡，在他譯著的《生蕃行腳》書中提到：「早期一般蕃人都不願意，也沒有勇氣走出部落領域，更不敢單獨外出遊獵，只有布農族敢單獨超越部落領域，四處去旅行，甚至進入別族獵場狩獵。他們這種縱橫高山如入無人之境的作風，是別族做夢也不敢做的一件事。」這也是山難事件多由布農族擔當重任的原因。

最動人的故事：偉明、湘芸兄妹

杜振昌除了山難救人，他還領養了兩名小孩，更是高山上動人心弦的故事。

小杜和太太謝阿蘭一九九一年結婚後，一直未生小孩，但兩人卻又很喜歡孩子。相繼抱了兩名小孩回來收養，老大偉明今年十七歲了，讀高中，是學校舉重校隊，老二女兒湘芸，很好聽的名字，今年五歲，相當聰明，小杜太太直說她是「鬼頭鬼腦」。

五月中，到小杜高雄縣桃源鄉復興村布農族部落家裡時，偉明剛好放假從高雄學校坐了近兩小時車回來，偉明長得高頭大馬，胸膛寬厚，壯得像頭牛，和小杜瘦小身軀相比，偉明足足大了好幾號，但卻長得一臉憨厚。

為了拍這張照片，偉明（左一）從高雄坐了兩小時的車才到家。（左二起）妻子謝阿蘭，女兒湘芸（前排抱者），杜振昌。

談到兩名抱回來收養的小孩，小杜的太太謝阿蘭，眼睛往偉明坐的方向看了一下，才用很低的聲音說：「那已是十多年前的事了，偉明那時候剛出生沒有多久，他親生父母親住在我們隔壁三民村，父親是外省人，母親是布農族人。有一天，偉明父母把他寄放在我們村裡他阿姨處，兩人騎機車要到三民村，去拿錢準備辦結婚手續，結果卻在途中被砂石車撞死，兩人都當場死亡。」

謝阿蘭往在看電視的偉明方向瞄了一眼，才又繼續說：「我那時候聽村裡人講起來這件事，想說怎麼會有這麼慘的事！小孩怎麼辦？我和小杜商量，想把這名小孩抱回來養，他也同意，我們跑了好幾趟三民村，和偉明舅舅等人商量，好不容易才取得撫養權，時間一晃，也十多年過去了！」謝阿蘭又看著兒子，表情流露出一絲為人母的喜悅和驕傲。

偉明有些靦腆，但聽他說話時，帶著一抹自信微笑，就會感受到他是一個快樂健康的孩子：「我從小就看到爸爸工作很辛苦和危險，他好像隨時都在待命，每次山難他都是第一個去。我聽過他救人時，要把一名山難的人拉上來，因屍體已腐爛，抓起來卻只是一把肉，我聽得都反胃了，我可以想像爸爸那時的感覺！」

對　我是抱回來養的

當話頭轉到女兒湘芸抱回來養的過程時，一直在客廳跳上跳下的湘芸，突然乖乖擠到父母座位中間。

她好像知道自己要上場了，兩眼看著我，等到她母親開口說第一句話：「湘芸親生父母生她時，兩人都還在讀書，沒有能力撫養，經過他們同意，我們把她抱回來養。」

坐在中間的湘芸，突然插話說：「對」，大家目光轉到她身上，她卻又一副若無其事，還是用那又大又圓、會說話的眼睛看著我們。怪不得，她母親要說她鬼頭鬼腦。

二〇〇八年二月中，第一次到向陽派出所做前置探訪，那時天寒地凍，湘芸剛好也在所裡，我們穿著厚厚衣服，冷得發抖，她卻穿著薄衣來回玩著。我們天南地北閒聊喝酒時，她就圍繞在我們周邊打轉，安靜看著大人的一切。她和我們一樣因天氣冷，整晚吃個不停，但肚子卻沒有飽的感覺。

■ 偉明和湘芸雖沒血緣關係，但在偉明心中，湘芸是他最可愛的妹妹。

那時，小杜第一次談到倚偎在他身旁的女兒湘芸，是剛出生時他和太太抱回來養的。整晚吃個不停，未說一句話的湘芸，突然冒出：「對，我是抱回來養的！」小女孩的話，把我們的酒都震醒了，原來她整晚都在聽我們講話，並順時的接了上去。

望著小女孩湘芸，天真無邪的眼睛，和父親小杜一樣，缺了兩顆門牙的古錐樣。看她黏著小杜對父親的倚賴，內心真有說不出的繁複之感！

而陪我們喝了整晚酒的小杜，從頭至尾說不出一個動人心弦的感性故事，只是平鋪直敘地說著，抱孩子回來養的過程。但大家卻被小杜這直樸精神和無所求的愛所包圍著。對小杜的低調沈默，有著無言、卻張力無限的感動。

美麗的平常心：上天給高褚衍平的最好禮物

向陽派出所現任所長高褚衍平，服務警界二十七年，曾在向陽派出所待了六年，調下山十年後，去年底又調回山上，是目前小杜的所長，他陪我們上嘉明湖，年近五十歲的他，體力仍是驚人，對山上故事如數家珍，對動物走過的痕跡尤其敏銳。

阿美族的高褚非常風趣，他最常說的口頭禪是「平常心」，他收養了一名女兒高褚庭秀，生父是客家人，母親是布農族，目前剛升國中一年級，長得非常漂亮和秀氣。

高褚衍平的家在台東縣鹿野台九線公路旁，圖為他們全家福，（前排右起）二兒高褚廷芳，兒子高褚俊傑，大女兒高褚庭秀，（後排右起）高褚衍平，妻子劉玉倩。

高褚的太太劉玉倩說：「我和高褚結婚後一直未生小孩，但我們又非常喜愛孩子，結婚七年後領養了一名女兒。是老天的眷顧吧！隔了四年，我都三十八歲了，才老蚌生珠生了一名兒子高褚俊傑，兩年後又生了一名女兒高褚廷芳，目前都已讀小學了。」

高褚庭秀五官非常漂亮，待在房間看卡通影片是她一大樂趣。

小杜和高褚領養小孩的故事，在山上一直是救難以外，最感人的事蹟。

小杜在我們採訪時說過：出勤時他從來沒有想過什麼，只是一心想著，如何把遺體送回目的地，讓他們的親人見死者最後一面。

在他們眼中、心中，一切都是最簡單的，救人如此，抱回一個被人遺棄的小孩回來養，也是如此。沒有什麼評估，只想著，小孩一出生沒有人養怎麼辦！

存在不一定合理，但　存在一定有原因

讀過一個故事：「北美的印地安文化，是極具包容性的，有一名酋長說過，一個人是否是印地安人，不是看他流著多少印地安人的血，而是看他是否有印地安人的精神，許多北美的印地安部族，自古就有收養子女的習慣，而收養是絕對不論出身的，若是收養了就視為親生。」看到小杜和高褚夫妻的精神，發現印地安人和原住民精神是很相像的。

小杜和高褚沒有說出來，救過無數死者，能見到一個有生命的生者，而且是一個新的生命，他們會放棄嗎？小杜和高褚把人性的慈愛與善良發揮到極致。

從派出所向外望出去，窗戶上泛著濃濃熱氣，外面天氣接近零度。但在裡面我們被高松文、小杜、高褚，和在向陽、利稻派出所服務過，曾參與山難救援的警察精神所圍繞著，心裡是暖和的。

台大經濟學系、美國國際東西大學EMBA的熊秉元教授，曾以個人所學和體驗，歸納出經濟學部分結論：「存在不一定合理，但是存在一定有原因」，「一件事物的意義，是由其他事物襯托而出」。生命的關照正是如此，在我們生命中碰到的人，遇見的事，所獲得的幫助皆非偶然。

向陽派出所這群「登山客守護神」，用自己的人生，憑藉著獵人般的頑強體力與意志力，守護與救助著路過的每一條寶貴性命！他們，是一群最瞭解生死意義和生命價值的台灣警察！

喝完這一鍋熱湯，驅散了山中寒意，我們完成了「登山客守護神」的最後記錄，這一晚，大夥「真的」醉了。

南橫公路從海端到向陽派出所的一段路，是台灣最質樸、原始的山景，從派出所徒步往嘉明湖的十四公里路程雖艱辛，但天光雲影的變幻，壯麗的大山，就夠回味了。

嘉明湖導覽

向陽山北峰3435
三叉山3495
向陽山3602
向陽登山口
三叉山登山口
向陽大崩壁3350
嘉明湖山屋3350
嘉明湖3310
稜線3300
向陽山屋2850
往埡口
向陽派出所2370
0988095763
南
橫
20
公
路
往海端

第四篇

山神 施正木

族別 排灣族

原住民名字 Giyu Rutalengan 給依有 路他樂安

生日 一九六〇年八月二十五日

學歷

省立內埔農工職業學校

現職

屏東縣政府警察局恆春分局牡丹分駐所警員

從警前經歷

一九八三年台北板橋從事鐵工廠臨時工半年

一九八四年返鄉務農工作五年

一九八八年中科院（臨時工）二年

一九九〇年做生意二年

一九九二年台中土木建築雜工二年

警專期別

台灣警察學校甲種警員班一四七期

警察資歷

一九九四年五月警察學校畢業——分發屏東縣警察局

一九九四年五月二十日調恆春分局牡丹漁港駐所

一九九五年一月十四日調牡丹分駐所

目前資歷：十五年

優良事蹟

一九九九年榮獲警政署績優警勤區
二〇〇五年榮獲警政署績優警勤區
二〇〇七年榮獲內政部全國模範公務員
二〇〇七年榮獲警政署績優警勤區

家庭背景

母親、大哥、大姊、二哥、妹妹、妻子、二名兒子、媳婦、孫女

最喜愛的事

閱讀書籍　聖經

興趣

與三五好友談理想、聖詩音樂、親近大自然

最驕傲的事

認識主耶穌，時時受祂保護及帶領

影響的關鍵人物

我的父親與母親：賜予基督教信仰及我健康的身體
莊春新長老：我的信仰老師，教導我怎樣奉獻自己的給神
我的二哥施正順：舉薦我進入警察學校，讓我生活有憑藉及發揮自己潛能

理想

讓世人認識主耶穌基督，成為個人的救主

施正木居住的屏東縣獅子鄉內文村，隱藏在四周都是高山的幽靜山谷中，是「上帝應許之地」宛如世外桃源。

傳奇的生命旅程

施正木，世居在幽谷般寧靜的屏東縣東南邊境獅子鄉內文村，四周都是大山，宛如世外桃源，很像金庸武俠小說筆下，高人隱居的仙境。

「阿木」是排灣族出色獵人，投入警察工作後，他本著獵人是自然與土地的溝通者，也是自然資源得以永續使用的捍衛者精神，用生命守護著山林中國寶級樹木「七里香」，打擊濫伐濫墾的山老鼠，被當地百姓尊稱為「山神」。

二十多年來，阿木沒間斷服事主，他到各教會見證上帝的愛，他把信仰融入生活、工作上具體實踐。就一名警察來說，阿木是「智、仁、勇」結合大愛的化身。

阿木三十三歲才踏入警界，當警察前，他和多數原住民一樣，生活顛沛流離，備嘗艱辛，他半生來奇遇不斷，多次死裡逃生；當警察後，也曾因氣喘發作七孔流血，被醫院宣布死亡，卻又奇蹟似地復活。他的生命旅程，充滿傳奇色彩。

守護七里香的福爾摩斯

恆春半島是名貴樹木七里香生長地，詩人席慕蓉曾寫過一本膾炙人口的《七里香》詩集，周杰倫也曾以「七里香」做他唱片專輯名稱。

「七里香」是常綠小喬木或灌木，花香濃郁，可傳揚很遠，故有七里、十里乃至千里香之名，能結紅色果實。恆春半島七里香，因強勁落山風長年吹襲，樹型宛如老樹一般蒼勁有力，優美奇特，大小適中，是園藝造景最好的樹種。

恆春警分局牡丹分駐所前的七里香造型優美，是「山神」施正木對抗「山老鼠」的表徵。

多年來，大陸高官流行種植台灣七里香，作為身分地位象徵！台商送禮給官員，七里香最受歡迎，需求量大，使得它身價水漲船高，一株叫價高達百萬元以上。

殺頭的生意有人做，山老鼠數十年來，在恆春半島盜走無數七里香，青青山頭，一度變得童山濯濯，七里香面臨絕跡命運。從警以來，阿木為保護這國寶級的樹木，付出全部心力和山老鼠們鬥智對抗。

為了追蹤山老鼠蹤跡，阿木開車載我們進入位在屏東縣後山的「蚊罩山」，我們穿越一大片「不得進入」、卻又無人看管的軍事要塞空地，直上山區。阿木停下車，我們以為已是林道的盡頭了，但就在一片樹叢後面，找到山老鼠盜伐的加工場。

「七里香」是常綠小喬木或灌木，花香濃郁，可傳揚很遠，故有七里、十里乃至千里香之名，能結紅色果實。

施正木手裡拿著遭山老鼠鋸斷的七里香殘骸。

山老鼠留下桌椅、酒和汽水空瓶丟滿一地。最特別的是，在這片林地樹叢空地上，有很多木屑。阿木說：「山老鼠為避人耳目，假裝把山上漂流木運到這裡，在地上鋪上塑膠布，把事先刨好的木屑撒在上面。事實上，這裡是他們盜伐珍貴樹種後的集中地，七里香、珊瑚樹和九芎等名貴樹木，都是從這裡偷運出去。」

山老鼠肆虐後留下桌椅、空瓶丟滿一地。

山老鼠很靈光，為逃避追緝，他們會變化各種造型做掩護，每次都開不同車上山，有時是旅行車，有時發財車，在車前面或頂部放上釣竿，假裝要去釣魚，警方還查過用冷凍車來偷運接應的。

從小生長在山裡，阿木的線民布滿山區部落，他會喬裝成不同身分和各種面貌上山，有時開貨車上去，有時搭山上住戶的車去勘察地形，都是怕打草驚蛇，他也經常利用各種時間，在山裡觀察和勘察，有時一走就是半天。

施正木對山的瞭解和掌握，是他長期對山林觀察後練就的工夫。

山中鑑識第一把交椅

阿木勘察地形工夫了得，他開車載我們走遍屏東縣境主要大山，讓我們瞭解山老鼠最主要的出沒地區，和警方如何和山老鼠對抗。阿木對山路熟悉，開車、倒車，都如履平地般精準。每一座山都有他追蹤山老鼠的故事，他對山裡地形地物的瞭解和掌握，可媲美森林警察。

在通往「四林格山」路上，阿木突然停車，神情嚴肅。他下車，蹲下來，專注端詳著地上芒草，用很嚴肅的態度對我們說：「昨天有山老鼠來過。你看，這些草有剛被車輾過的痕跡，還塌塌的。」他很確定的表示。

阿木對地形、地物的敏銳觀察力，超乎常人，一般人開車在山路中，很少會注意地上的芒草，但阿木卻用他那獨特慧眼和經驗，洞悉了山老鼠蠢蠢欲動的作為。

■李俊儒（左）是施正木過去在牡丹分駐所主管，他說，阿木查緝七里香盜木賊的工夫，無人能比。

李俊儒曾是阿木目前服務牡丹分駐所的所長，他說：「阿木在山裡鑑識工夫獨樹一幟，而且很細心。有次我們到山裡追蹤山老鼠，進了一個人跡罕至的柵門，阿木叫我蹲下來，指著地面說，輪胎往前走時，泥土會剖開往外，輪胎有濺到水溏，因此地上泥土還是溼的，可看出剛剛不久有山老鼠在這裡出沒。」

「阿木用手再輕輕撥開旁邊落英說，這處被覆蓋的胎痕是舊的，泥土也已乾了，顯示舊胎痕已有一段時間，他三兩下就確定山老鼠已將這裡鎖定為盜伐地點。沒多久，我們就在這裡抓到了盜伐七里香的山老鼠，完全如阿木所判斷。」

■山老鼠駕駛的車輛都改裝過，但形跡還是逃不過阿木敏銳的觀察力。（牡丹分駐所）

鍥而不捨追蹤山老鼠

阿木有一回到恆春分局訓練，結束後開車回牡丹途中，在古戰場附近，迎面和一輛車擦身而過，他直覺判斷這是山老鼠的車，回去後，馬上換了巡邏車再去查，在溫泉區又看到這輛車，就通報給派出所同仁去追，果然查到車上有株七里香，但被查到的嫌犯，卻不吐露盜伐地點。

李俊儒說：「阿木不死心，悶不吭聲，從查獲的七里香截下一段樹根，獨自開車往山裡尋找被盜採地點。他根據樹種分布，在古戰場附近山林裡走了半天，找到二十多株山老鼠來不及帶走的七里香，和挖掘地點，他用帶來樹根一株株做比對，確定查獲的七里香來自這裡。後來，他又在山區裡巡山到天黑，在另一處山林發現，已被盜走的三十多株七里香，只留樹根土坑。」

山老鼠將七里香連根挖走後留下大窟窿。

個性非常執著的阿木說：「從小我的觀念裡，生態有的可以拿，有的卻不可以取，如果你帶走的是小小附屬物，那還沒有影響，但山老鼠取的是大樹，那對水土保持就會有很大影響，因為水源是維持我們生命的基本和來源，特別是在山上。」

每次看到上百年大樹，被利欲薰心的山老鼠一根根刨走，恨不得能把這些人一個個抓起來。百年大樹，可不是一、二年或十年生的樹啊！阿木神情激動，可想像他內心的悲痛。

阿木對山林感情很深，李俊儒說：「我們曾在深山裡發現一株被盜採的七里香尚未帶走，因天已黑，大家趕著要下山，阿木怕山老鼠連夜來把樹帶走，就在山裡守護了一夜，這是很多人做不到的。」阿木是把樹當成人命一樣看待。

沒有山老鼠橫行時，是享受山林絕美的時刻。阿木帶我們在山裡探勘，經常可看到老鷹在山裡自在飛翔。他帶我們經過牡丹水庫上游一處山林，蝴蝶布滿山谷，有如花花世界，車子穿越林道時，夾道飛舞的蝴蝶，和紛紛飄下落葉，兩者交織，有如綿綿銀雪般，這畫面只有天上人間才有。

不老的警察

阿木三十三歲時，因二哥施正順鼓勵，搭上警察報考年限末班車，考進警察專科學校，是進入這行年紀最大的警員。

當警察前，阿木依山林為生，在山上採蘭花、金線蓮、草藥等農產品，在中科院當過臨時工，在台中工地捆綁過鋼筋，從事勞力生活。

■ 施正木的二哥施正順（右），鼓勵阿木（左）報考進警察專科學校，阿木成了同期年紀最大的警察，但也扭轉了他的一生。

婚後，他大姊施新嬉不忍心他那麼辛苦，給他一輛小貨車，阿木載著妻兒，在屏東縣、台東縣四處叫賣雞蛋、雞肉、雜貨和檳榔，雖然仍清苦，但生活漸趨穩定。

考上警專，對阿木來說，連他都感到不可思議，他不相信自己有這個能力，但警察工作卻扭轉他一生的命運，讓他忘情投入工作。

阿木同事還記得，警察報到第一天，他開小貨車來，坎坷歲月和風霜，讓他看起來比實際年齡大些，剛開始同事以為他是來送貨的，知道他是來報到以後，心裡還竊笑，是不是外面不好混，要不然，那有人年紀這麼大來當警員的！

十五年過去了，阿木聽同事談起這些往事，一點都不以為意，還笑得很開心和得意。同事說，他就是這麼可愛，不慍不火，歲月從未改變他這純真如實的個性。

山神的不眠不休

三月春的屏東午後，已有些初夏燥熱，到恆春警分局牡丹分駐所時，施正木正忙著隔日屏東縣警察局年度績優警勤區業務檢查，晚上，再到派出所

第一次到分駐所採訪，施正木到半夜還在忙著年度業務檢查工作，抽空打電話回家報平安，這是我們記錄阿木工作情形的第一張照片。

看阿木時，文件和檔案散了一桌子，等著裝訂，仍是他一人獨自忙著，「這是我的業務」，淡淡笑意中，他獨自和時間競賽著。

清晨四點，摸黑起床，出了民宿，開車到久享盛名的四重溪溫泉，享受清晨泡湯樂趣時，經過派出所，燈在晨霧中亮著，阿木穿著內衣，仍不眠不休做著未完的工作，沒有一點疲態。

中午，業務檢查結束，再去看他時，猜想，他應該在睡覺補眠，沒想到他又接著輪值下午班到四點，心想著，這就是「山神」日常警察工作的寫照吧！

施正木後來在年度業務檢查第一名，局長陳家欽頒贈獎牌給他。右為第二名同事林光獻。（屏東縣警察局）

七孔流血事件

阿木半生磨難不少，但「神蹟」卻一再眷顧他，最神奇的是，他七孔流血，全身發黑腫脹，醫師宣布死亡卻死而復生的故事：

二〇〇六年十一月三十日晚上六時三十分左右，阿木和太太柯金妹、大兒子雅各在內文村山上山蘇園工作，他突然覺得呼吸道有聲音，人很不舒服，原來就有先天性氣喘的阿木，因晚上還要主持家庭禮拜，請太太快開車載他下山到恆春基督教醫院掛急診，兒子也陪他一起去。

臨下山時，阿木還向住在隔壁的媽媽施紅花交代說，如果他趕不回來，晚上家庭禮拜，就請她幫忙主持。

阿木是氣喘老病號，被送到醫院時，阿木向醫生說，他呼吸道有聲音，醫生請護士先幫他在血管打了一針，又叫他用鼻吸取藥物，沒想到，針才打下去，阿木開始掙扎，向大兒子說：「我很不舒服」，話才說完，他就昏了過去！

接著，嘴巴開始吐血，血相繼從鼻孔、眼睛、耳朵，七孔流出，臉部整個腫脹發黑像木炭，護士和阿木的太太、兒子，被突來情況驚嚇得說不出話來，醫院連續電擊搶救，但他一點反應也沒有。

阿木的大兒子雅各說：「我那時候嚇得說不出話來，連哭也哭不出來，是到後來爸爸急救無效，被宣布死亡，我才放聲哭了出來，意識到愛我的爸爸死了！」

阿木的太太說：「阿木氣喘三天兩頭就發作，我早就習慣，也早做好萬全的心理準備，所以自己學會開車，想著隨時可以送他去醫院。但那一天在醫院突然發生的情況，把我嚇得說不出話來！」

我這個哥哥快沒有了

阿木的堂弟藍民志，是家族中第一個趕到醫院的人，他說：「接到嫂嫂電話時，我還在山上工作，嫂嫂要我快來，慢一點就看不到你哥哥了，趕到醫院時，堂哥臉已發黑，七孔流血，醫生正在電擊，堂哥被震得整個人彈了起來，但卻一點反應也沒有，我那時只有一個感覺，『我這個哥哥快沒有了！』心裡不斷想著事情為什麼會這樣？」

阿木的姊姊施新嬉和妹妹施新妹，當時在四重溪洗溫泉，是接到堂弟電話後趕過去的。她們回憶說：「那真是一生最痛苦和難熬的時候，我們幾乎是用飛的速度開車趕往醫院，沿路不斷禱告，祈求上帝救救我弟弟，就算要離開，也讓我們看最後一眼！

「到醫院時，看到他的模樣，我們心都碎了，只能在心裡吶喊『施正木加油、施正木加油』，二哥施正順不斷幫弟弟按摩，眼中都是淚水，但阿木還是沒有一點反應！」

內文教會師母邱秀妹說：「阿木的太太打電話來時，我們剛開完家庭禮拜，大家在吃點心，她說，『施正木沒有了』，我說不要開這種玩笑，她說，『真的』，我說，『怎麼可能』，我不敢聽下去，就叫我先生蕭世光牧師來聽電話。」

施正木堂弟藍民志，是家族中第一個趕到醫院，看到堂哥的情況心裡只有一個感覺，「我這個哥哥快沒有了！」

他是上帝眼中的唯一

「我們都不敢相信，跪著、哭著禱告，祈求上帝，這麼好的助手，不應該帶走他的。」師母邱秀妹說起這段經過時，仍不由自主流下了眼淚。她說：「施正木是上帝眼中的唯一！」

家人見醫院搶救無效，決定要轉院，但醫院剛開始不肯，因情況危急，怕在途中延誤，最後束手無策，才幫阿木安排轉到南門醫院，他們把阿木從病床抱到救護車時，他全身軟綿綿的，阿木就這樣在基督教醫院折騰了一個多小時。

到南門醫院後，醫生和護士為阿木做心電圖，給他輸送氧氣，這時所有的親人和教友都趕到了，大家圍在醫院外為阿木禱告。但醫院仍告訴他們情況不樂觀，要家人有心理準備，家裡也準備好要將阿木運回家，讓他在家裡嚥下最後一口氣安息。他們依習俗把家裡所有的鏡子都翻轉了過去，大家都非常悲傷，不斷的流淚和禱告。

內文教會蕭世光牧師（左）和師母邱秀妹（右）回想起阿木死而復生的往事說：「阿木是上帝眼中的唯一。」

從死蔭幽谷走了一圈

堂弟藍民志說：「家人輪流在阿木身邊和他說話，叫他的名字，但都無反應，又經過了近三個多小時，醫院急救無效宣布死亡，準備要把他移回家時，阿木卻在腳被移到另一張床時，突然醒了過來，像沒有事一樣坐了起來，大家都難以置信，喜極而泣！」

蕭世光牧師回憶：「那天我們從部落教會要趕到醫院時，突然在路上遇到阿木的二兒子雅馴騎著機車，迎面而來。雅馴去當兵已經很長一段時間沒有回家，未接到任何通知，卻在這個時候突然回家，難怪阿木醒來，看到兒子叫他爸爸，還幽默的說：『你還記得爸爸！』」而陪阿木到醫院的大兒子雅各，卻早已哭得不成人形！

對這五個多小時的死而復生過程，阿木有如南柯一夢，完全無知覺。他從死蔭幽谷裡走了一圈回來，渾然不知家人、親人、友人已為他哭斷腸。阿木媽媽從那時起，每天清晨四點就到教會禱告，感謝上帝讓她兒子重生。

阿木回想事後情形說：「醒來時候，好像沒有發生意外，沒有痛苦，很舒服，很平安。如果不是神，我就沒有今日，我把一切榮耀歸給上帝！」

施正木把對上帝的信仰，用愛完全結合融入生活和工作當中。

山豬英雄的父親

阿木父親施仕良在他當警察前三年過世，生前是內文部落出色的獵人，獨來獨往在山林間捕獵物，被稱作「山豬英雄」。阿木從小就跟著父親，在部落幽谷環繞中的四面大山中行走，他們父子足跡踏遍山中每一可到的地方，捕獵物，採蘭花、香菇和野菜維持家庭生計。

阿木說：「我從小就知道，山林是孕育我們一家人存活的最大命脈，我曾和叔叔在山中尋找藥草，因走太遠，趕不上回家，身上又沒有帶任何糧食，我們削下樹根，吸取水分，植物讓我們存活了下來。我們所需的一切幾乎都是來自山林，沒有它就沒有今天的我。」

「麻里巴狩獵祭」。施正木（後排右二）、二哥施正順（後排右一）和內文村的族人共同扛著山豬，英雄式跑回終點。後排左一是施正木的二兒子施雅馴，後排左三是蕭世光牧師。

承襲父親獵人血統和技藝的阿木，小學四年級，就獨自一人在山林間闖蕩，沒有害怕，卻有著深深眷戀的情感，一直到他當兵離開部落前，都是如此。

阿木母親近八十歲，是內文教會名譽長老，到內文時，她笑著站在家門口等我們，我握著她厚重長滿粗繭的雙手，感受到那股暖暖誠意，非常親切感人，就像自己的母親。

阿木媽媽說：「阿木小時候身體不好，常常生病，因此非常黏我，是個很聽話的小孩，我走到那他就跟到那。我從小就告訴他們兄弟姊妹五人，絕對不能和別人打架，人家如果要打你，你就快跑，跑掉就不會有正面衝突的機會。我也要求他們絕對不能拿人家的東西。」

浪莽少年的回頭

阿木的妹妹說：「我這個哥哥真的很特別，從來不和人爭。我記得大姊要出嫁那一天，祖母腳不方便無法走路不能去參加婚禮，留在家裡要有人照顧，哥哥那時小學六年級，自願留下來照顧祖母，三十七年前的事了，但我卻一直記得這件事。」我問阿木你記得嗎？他點點頭的說，總要有人照顧祖母，姊姊雖然嫁出去了，但以後還可以看得到啊！

阿木的姊姊說：「每次爸爸或媽媽叫阿木做什麼事，他總是回答『是、是、是』。」大姊突然學阿木說「是、是、是」的模樣，逗得我們都笑翻了。

可是，當兵那段時間，阿木他迷失了自己，沈迷在酒精裡很長一段時間。他曾酒後騎腳踏車，摔到內文社區水溝中，卻安然無事。如教會師母所說，過去的一切都是上帝的考驗，阿木退伍後，決心要脫離過去放蕩的日子，他開始虔誠信教，決心改變自己，讓自己變得更好。

阿木母親八十歲了，大女兒施新嬉很「傳神」地翻譯母親的話。

阿木妹妹說，哥哥轉變之大，連我們都嚇到了，到最後連酒碰都不碰，還會極力勸導人家不要喝酒，她說：「叔叔愛喝酒，但後來只要看到哥哥出現，一定把酒藏在桌子底下，有一次還因此把藏在桌下的酒瓶全都打翻了。」

和阿木從小在同部落長大的林慈會說：「阿木當兵回來後變了很多，我一直覺得奇怪納悶，跟在他旁邊看，和他們一起參加教會活動，我真的被他態度轉變後的虔誠影響和改變了。」

快樂的農稼人

阿木的太太從小住在牡丹鄉大梅社區，兩人不同鄉，在台北認識。到阿木家時，她在門口煮糯米飯和玉米，頭巾把臉蓋住一半。有點瘦，話不多，但個性十分鮮明，談起老公，直誇讚阿木「認真、負責、節儉，真的是沒有話說」。

雖然當了警察，阿木對大自然的感情無一日或忘，也難忘父親教給他的自立求生本領。父親過世後，把山裡土地分給了孩子，他分了兩甲地，阿木把它開墾成山蘇園。

施正木走在七十五度斜坡，上下來回採山蘇，連相機快速對焦鏡頭都跟不上，他活像一隻松鼠在林中輕快的跳躍。

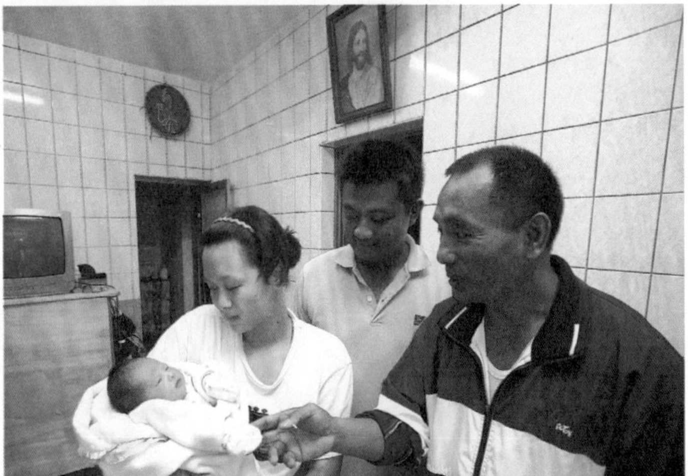

施正木家裡添了新生命，他升格當爺爺開心不已，孫女取名為「施千惠」（左一），左二起是媳婦劉夢萍、二兒子施雅馴。

阿木說：「爸爸從小就告訴我們，勤於耕作的農夫食用無缺，人一定要勤勞，就不怕沒有飯吃，這些話，很簡單、很古老，但對我來說，卻是不滅定律，我一生信守父親這句話，所以即使生活再苦，也不以為忤。」

過去，阿木永遠是山裡第一個到場做農務的人，他天未亮就到山裡，開始一天工作。有一天，大家看不到阿木身影，以為他睡晚了，沒有想到，阿木早就採完，在樹上乘涼。

看阿木在山蘇園工作，活像隻松鼠快樂的在山林裡竄來竄去，走在七十五度斜坡採山蘇，上上下下，來來回回，手腳之快和純熟，就像他在山裡開車時如履平地一樣順手，我們體會和觀察到，他確實有著和一般人不同的高超技藝。

雅各的世界：無憂無慮，沒有紅塵是非

阿木的大兒子施雅各，今年二十三歲了，因出生時高燒不退，出現黃疸現象，在醫院保溫室住了半年，雖保住了一命，但造成智能遲緩現象，而且也把家中二十多萬元的所有積蓄一散而空。

阿木的太太一直把大兒子帶在身邊就近照料，每天帶他到山蘇園工作。

阿木也曾為了兒子，更虔誠信教，希望有一天神蹟能在兒子身上出現。但心態上，他們早已接受這份事實，而且辛苦煎熬走了過來。

如果從根源去探究和追溯，阿木生活、工作的特別，除來自家裡傳統教誨，宗教信仰帶給他的力行，是貫徹的主要力量。可以說，阿木的所有力量，是從這裡滋生出來的，他有信念，所以能生出別人沒有的神力。

蕭世光牧師說，阿木體格看起來不起眼，但他力氣大得嚇人，有一回，部落裡，有人看到用大包大包麻布袋串起來的十字架形，在山區中行走，迎面而來，但卻看不到人，大家以為是鬼，走過後，才知是阿木，他把山蘇飽飽的捆綁在袋中，因此把自己都遮蓋住了，大家估計，那至少好幾百斤，但阿木卻有辦法可以這樣背著在山裡行走。

施正木力氣大，食量也大，大兒子雅各說：「我的力氣，比我爸爸還大。」可確定的是，他們父子的食量都一樣大。

他媽媽形容得更傳神，「阿木在搬山蘇下山時，用一根棍子串住山蘇袋子架在肩上行走，有時整個人都被袋子遮住了，只剩一對眼睛，遠遠望去就像在移動的一座房子。」

雅各說：「我的力氣比我爸爸還大。」他不是吹牛，而是對自己的信心，他喜歡種山蘇，看他在山裡工作手腳靈活，工作時的快樂和滿足感，就足以讓他爸、媽心生安慰。沈靜的內文村，就是他心中的桃花源世界，無憂無慮，沒有紅塵是非。

看阿木老婆用手機聯絡工人來協助採山蘇，就可以看出她個性的獨立和堅持執著。楊南郡在《生蕃行腳》一書中說：「原住民的女人，是非常有個性的。」我算是從書中找到了佐證，也佩服她們直率、不扭捏、不矯揉造作的個性。

很多人對原住民不夠瞭解，對他們一些生活習性多所批評，但我在想，他們的需求已經夠低了，能為自己而活，是難得的幸福，外人又為什麼要苛求他們如何過日子呢！

想起阿木母親出神望著遠處在做事的阿木說：「這個孩子真的很不一樣！」而看過阿木做事的人，和他相處過的人，都會確信他母親說的話。

古英勇長老的見證

和阿木認識二十多年的古英勇長老，也是排灣族人，長得非常帥。他曾是凱撒飯店總經理，成立「瑪沙露」樂團在飯店駐唱，十多年來非常受客人歡迎，現在自己經營牡丹民宿。

古長老歌唱得很棒，他有自己一套看法：「大家都知道原住民很會唱歌，原住民常會看不起太簡單的東西，認為唱歌不就是張開嘴巴，聲音就出來了。但我認為不是如此，唱歌絕對不止是聲帶的運動，唱出聲音而已，而是要能感動人！」

所以古長老挑樂團成員，從來不找很會唱歌的人，而是找有心學習願意不斷尋求成長的人，因有心學習才會用心，唱出來的歌才有感動人的力量，才能引起共鳴。

■ 古英勇長老談起好友阿木，他做事用心的精神，很少人能比得上。

如果團員表演前眼睛紅紅的，或喝了酒，他一定不准他們上台，有同事認為他太嚴格，不近人情，但他則認為，這是工作態度問題。

九月底，麻里巴狩獵祭在恆春舉行，瑪沙露樂團在河谷空地表演，他們唱的歌首首動人，現場加油的觀眾聽得如癡如醉，選手忘卻了比賽的疲累，讓人感受到用心唱出的歌聲穿透的力量。

「南迴公路」起點、楓林村的檳榔攤，已成為阿木家族的大客廳，家人常聚在一起包檳榔，話家常。左起大姊施新嬉，妹妹施新妹，姊夫施金正，二哥施正順，二兒子雅馴，大兒子雅各，阿木太太柯金妹，媽媽施紅花，阿木，大哥施正忠。

思緒清楚，口齒清晰的古長老，話鋒轉到好友阿木身上，他說：「阿木做警察工作，就是保有這種可以感動人心的精神，我知道他有時也很累，身體也不是很好，家人也有抱怨的時候，但他看到別人有需要，不去做，會比去做還要累，做了反而覺得很快樂，這就是他的工作態度。」

「有人認為阿木很笨，什麼都做，會把自己累死，但他從不認為如此，他知道如何做好警察角色，別人期待什麼，他把態度拿出來，做到別人的需求，甚至超過很多。阿木將他信仰的理念和人格特質裡的堅持，帶入工作和生活中，形成他的信念和做事態度，他將兩者做了最好的結合。」古長老說得入微貼切，我們也從觀察中找到了印證。

死神都抓不住的人

「山神」阿木，一位永不放棄，連死神都失手抓不住他的獵人警察。雖沒觀眾，也沒有掌聲，可是，他會日復一日守在山林裡和山老鼠搏鬥，用他的生命來捍衛山林。

他，一位再平凡不過的警察，卻從平凡中顯現出他真正不凡的精神。

■ 牡丹水庫位於屏東縣牡丹鄉，總蓄水量達三千一百一十九萬立方公尺，是屏東縣最大的水庫，規模雄偉壯觀，直接登上壩頂，飽覽集水區四周之藍天、碧海、青山等景色，還可欣賞水庫全景，已成為牡丹鄉重要的觀光景點。

他讓我看到，人無論在多困頓或絕望的生命過程中，都應利用造物主給的機會，用純淨美麗的心，勤勞而惜福地繼續奮鬥下去。

女作家張瀛太在《熊兒悄聲對我說》一書裡有一段話：「大自然給了萬物命運，它是那種很容易被疏忽的尋常，而尋常在歷史裡就是一種遺忘，並非不存在，它只像什麼都沒有發生那樣的存在著，如同這個村莊、這個部落，以及山中曾經發生的一切，它們唯一的見證，只想說說那些沒有人知曉的命運。」

在生活中，阿木就是那種很容易被疏忽的尋常，如同這個村莊、這個部落、這個山老鼠聞之喪膽的「山神」，以及山中曾經發生的一切。

而我們唯一能見證的，只是這位沒有人知曉的平凡警員，「把所信之上帝愛世人、要信祂的人管理世界之教導，及耶穌基督要信祂的人做世界的光、做人類的鹽之教導」，實踐在他的警察工作上。他期望自己在社會上做光、做鹽，使社會少一點黑暗、少一點腐敗。

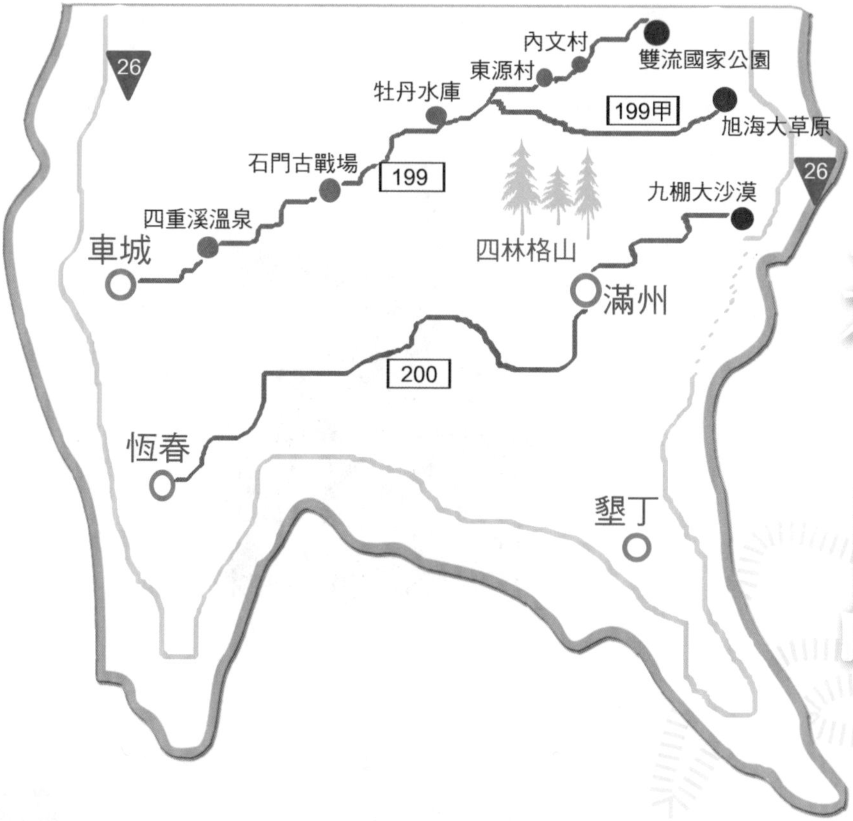

26
內文村
雙流國家公園
東源村
牡丹水庫
199甲
旭海大草原
石門古戰場
199
26
九棚大沙漠
四重溪溫泉
車城
四林格山
滿州
200
恆春
墾丁

恆春半島

第五篇

部落文化再生者

黃俊明

族別　排灣族

原住民名字　Vikar pakaljangud　菲卡勒

生日　一九五七年七月二十八日

學歷

省立台東農工職業學校

現職

台東縣警察局大武分局壢坵派出所副所長

從警前經歷

高中畢業在工廠學沖床兩年

退伍後從事土木建築四年

建築製圖一年

警專期別

台灣警察學校甲種警員班一一五期

警察資歷

一九八六年十一月警察學校畢業——分發至國道公路警察局第二隊第四分隊

一九九〇年八月遷調台東縣警察局大武分局多良派出所

一九九二年四月調大武分局二組任常訓助教

一九九三年五月調成功分局二組任技術教官

二〇〇二年九月調大武分局壢坵派出所

目前資歷：二十二年

家庭背景

母親、妻子、一子二女一媳一孫

最喜愛的事

閱讀書籍

興趣

與三五好友談理想、古典音樂、親近大自然

最驕傲的事

完成黃氏家譜

影響的關鍵人物

我的父親與母親：賜予我健康的身體

佐佐木一郎：我的獵人師傅——教導我怎樣善待自己的土地及保存傳統文化

我的表哥李茂雄：舉薦我進入警察學校讓我生活有憑藉及發揮自己的潛能

理想

退休後完成家譜的出版及推行「週休農」崇尚自然，發揮天賦的一種生活方式

尋回失落的祖靈

從台東縣金峰鄉賓茂部落，搭黃俊明吉普車出發到「尋根」入山口。途中，遠眺標高八百多公尺的南大武山，裹在層層雲霧裡，黃俊明指著遠方說：「那就是我們要前往的『排灣族讀古物（tjukuvulj）部落——尋根遺址』」。

「死亡」是大家禁忌的話題，但排灣族傳統習俗裡，會將善終的親人以「蹲屈葬」方式埋葬在室內石板下，亡魂才能與家人同在，等到室內葬滿了親人以後，族人就另遷新居。

兩天一夜的尋根，是我們實地認識黃俊明警察，和他從事文史工作，部落文化重生的開始。對採訪的我們是一大體能考驗，且意義非凡。我與攝影搭檔邢定威，成了第一個爬上這遺址的異族。

黃俊明是這次尋根領隊，他兩名女兒黃語妍、黃語行和兒子黃阜康，都參與了這次尋根，是各家族中人數參與最多的。

沿途黃俊明向兩名女兒解說尋根意義：「我們原住民直接仰賴土地，作為生存唯一依據。土地提供原住民生命意義、歷史、傳說、宗教、祭儀等部落文化及凝聚力的來源。離開了土地及土地上的樹木、作物、花草、溪流、山岳等孕育文化的泉源，我們便失去了與大自然界連結為一體的憑據，而原住民也就不再為原住民了。」

「黃俊明的家人」，左起長孫楷鈞、長女語妍、長子阜康、俊明、次女語行、母親李月雲、老婆秀雲、弟妹玉娥。

「讀古物社」的排灣族人，從日本殖民時期被強制從南大武山部落，遷徙至現今的金崙鄉「賓茂社區」已歷經五十年。（黃俊明）

他說：「從日據殖民時期的『讀古物社』，遷徙至現今賓茂社區，已歷經五十年。我們在遭長期同化政策下，族人原有姓氏、語言、社會制度、祭典風俗迅速流失。加上主流文化與貨幣邏輯誘導，迫使我們有一段時間『內在自我』面臨空前瓦解危機。」

黃俊明解說時，圍攏過來的年輕人愈來愈多，睜大著眼睛，看著平時不苟言笑，不善言詞，但談起排灣族文史卻又口若懸河的「黃老師」，這是我第一次看到文化的生命力在他身上燃起。

對原住民來說，尋根能建立文化認同觀念，凝聚居民熱愛鄉土的共識，傳承部落歷史文化，發揚排灣優良文化精髓，尊重自然環境保護，落實自然生態永續發展。對他們來說，是一年一度盛事，有如豐年祭般隆重和盛大。

獵人引路，頭目回家

尋根的路程艱困難行，黃俊明說：「這座山是以八十度稜線形陡坡往上爬的，但部落四位耆老和獵人，為顧及大家體力和能接受的程度，帶著蕃刀提前一天上山，沿途披荊斬棘，硬是用『之』字形，開出這條獸物行走山徑，讓大家能摸索著前進。」之字形的山路，對大家仍是一大挑戰。

第一晚我們搭帳篷，夜宿山中溪谷。清晨天未亮，從帳篷起身，四名前一天即先行攻頂、為我們開路的前輩勇士們，躺在暗淡餘溫營火邊，瑟縮著身軀。四把獵槍架在石階上，頭上都頂著一把番刀。除一人身上蓋著件衣服外，另三人，都裹著白天衣服，即睡了過去。我看得出神，這是我心目中，獵人畫面的極致呈現。

在營地時，耆老拿著一小碗酒，對著我，用排灣族語念念有詞，邊蘸酒，朝我身上和站的地方周圍潑灑。黃俊明解釋說：「這是對大自然的一種和平告解，能保佑你平安。」

■ 尋根順著小溪走上去，vuvu的家就在那裡。

營火前「黃教官」開始講述排灣族從「舊讀古物」遷村的歷史故事。

在營區看著青年會的年輕人，依著會長杜建平指示紮營，有條不紊，他們年紀輕，手腳利落。有些國、高中生，很喜歡大家把他們當大人看待，這是最有趣的地方。我卻挺喜歡他們這種小大人味道，有著一種承擔責任的榮譽感。

在山裡，原住民無論是砍樹建屋或打獵，都有一定季節規範，並有各種占卜吉凶的方式來減少狩獵次數。重要的高山、水源地、巨大樹木周邊，都是原住民視為神聖不可侵犯的地域。他們

■「巧克力」是部落未來的獵人，所以吃得少、做得多。

用神話規範族人，不能在某地方砍樹、打獵，來凝聚種族共識，也藉此保護自然環境與資源的永續使用。

原住民的迷信，對他們來說，是一種「祖先的教訓」，是「一種規範、一種戒律」。早期，沒有文字的族人，靠口傳的迷信、神話、傳說，作為歷史文化傳承的方式。迷信就是蕃人信仰，對某些事物抱著恭敬態度，說透徹些，就是「敬天畏地」。

黃俊明根據部落耆老轉述，在一棵大樹栽種地點，找到部落頭目的家。遺址已完全覆蓋在荒煙蔓草間，大家合力用番刀砍除雜草，石頭砌成的遺址輪廓終於出現。黃俊明說，這就是讀古物部落「丘楞」（tjulen）頭目的家。

■「三石灶」是原住民傳統「煮飯」的智慧。

頭目是世襲的，現任頭目李瑞和在遺址上沈吟，低著頭走了又走，看了又看，可以感受他內心澎湃不已。等到獻上牲禮和酒祭拜，趴著在地上磕頭時，他終於忍不住低聲哭了出來，周圍的人都被他的虔誠感動，掉下眼淚。

「讀古物」頭目李瑞和第一次參與尋根，在祖先的遺址上來回踱步沈思。

感受斯土之情

尋根當晚，部落在社區活動中心，辦了一場盛大晚會，老少都穿族服盛裝參加。青年會長杜建平說：「一九八五年我們第一次辦尋根時，有十二人前往，有些老人跟去，走不動了，年輕人就背他們，到遺址時，老人向我們解說尋根意義，要我們年輕人，抱著樹親吻，感受斯土斯情。」黃俊明在旁安靜的聽著，頻頻點頭。

杜建平說：「很多老人那次沒有力氣進山尋根，看到我們拍回來的影帶，都激動地掉下眼淚。」那麼多年事了，他說起來卻有如這次尋根般鮮明。

在賓茂社區，黃俊明是一位關鍵領導者，並不是因為他是警察，而是他對自己根的認同，他在部落辦了六次尋根，參與的人不計其數。有的耆老甚至業已往生，但是因尋根活動，讓他們能再次回到出生的祖居地，一直是他們生前最大的慰藉。

一九八五年讀古物部落首次舉辦尋根活動，帶動了整個鄉內各部落尋根風潮，讓鄉公所重視此一活動，每年編預算給部落執行。

連接兩代情的紀念時鐘

黃俊明台東部落老家斑駁的牆壁上，掛有一座黑色時鐘，已逾半世紀。鐘雖已停擺，仍散發出古典美麗光澤，貫穿一對父子的從警歲月故事。

青年會是國、高中生的組合，會長杜建平（中）非常具有領導力，他們承擔著部落的責任和榮譽感。

■ 黃俊明的父親排灣族名叫gagu-pakaljangudj，昭和十四年生。日文名梶原合吉，漢名叫黃建隆，台灣省警察學校山地警員班第一期畢業，後分發台東警察廳寶桑分局初鹿派出所任職。（黃俊明）

黃俊明父親排灣族名叫gagu-pakaljangudj，漢名叫黃建隆，是「台灣省警察學校山地警員班第一期」。黃俊明高中二年級下學期，從警父親因病早逝，留下五名未成年子女，和牆壁上的老鐘。

黃俊明說：「這時鐘是父親在警察學校，以第六名成績畢業，所獲頒贈的獎品，也是父親留給我們五名孩子唯一的遺物，對我來說，意義重大。」

黃俊明二十九歲才進入警界，除了已逝父親種下的影響，大他三歲的表哥李茂雄是最關鍵的人。黃俊明說：「表哥十九歲即進入警校，每星期都寫一封信給我，說在外工作辛苦，薪資不定，不像警察有固定收入，並說『布衣可至卿相』，鼓勵我投考警察學校。」

黃俊明感嘆，自己在外頭闖蕩虛耗十年才

■ 「文化」的鐘擺，不能像父親遺留的掛鐘，永遠停在過去的時間，必須延續下去。

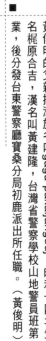

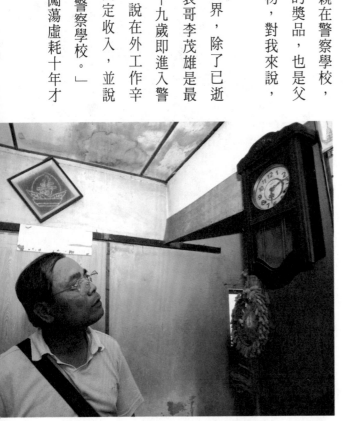

從警，大有悔不當初之感。但如今回想，如果沒有那十年苦日子歷練，他可能根本不會從警，也不至於有後來人生覺醒，立志為自己族人和排灣族文史，留下完整記錄，這都是人生難以言喻的機緣。

黃俊明從事排灣族語言、地域、文史，和田野調查保存成就，是原住民和警界中第一人。他把原住民散失已久的文化找回來，注入警察工作中，增添「文化厚度」，讓偏遠地區警察生命力再現，從各面向再去發現和看到原住民的美麗和智慧。

部落風華再現

黃俊明將排灣族文化特色，結合派出所和社區發展協會，共同推動社區總體營造和社區警政，把名不見經傳，位在台東縣金峰鄉原住民的「歷坵部落」，營造成國內、外知名教學、觀光社區，開展當地觀光資源，改變部落生活形態和生態發展。

進入歷坵部落，第一站是派出所檢查哨，但第一眼映入遊客眼簾的，是一座古色古香，充滿原住民色彩風味，用茅草和木頭搭建的涼亭。來這裡的遊客，都會用相機留下他們到此旅遊的第一張照片。

黃俊明指著派出所前涼亭得意的說：「這是我最要好的同學『阿山』張玉山的傑作，他是一位非常有創意的雕刻家，曾在國外跑了六年船，看盡異國風情，作品獨樹一幟，他到山裡撿拾天然原木，搭建了這座涼亭。」

派出所裡外都裝飾得非常特別，裡面設置有文物展示區，黃俊明不定期提供各式具有排灣族文化色彩的文物作品，供居民和來部落的遊客欣賞。其中，碩大有如大燈籠的蜜蜂窩，掛在所內，增添所內景致。

「阿山」張玉山，六年遠洋漁船的生活，愛上了拉丁風情，他的作品融合了台灣原住民和中南美洲土著文化的特色。壢坵派出所外充滿「原味」的涼亭，就是他的作品。

黃俊明驕傲指著派出所內，一張「金崙溪流域排灣族部落遺址」的地形圖說：「所有地名和位置，都是我和老人家重回現場狩獵記憶，有的是耆老口述，再用羅馬拼音標示出來。」參與過黃俊明部落尋根，翻山越嶺，溯溪而行，才能深刻體會，完成這張地形圖流域位置調查是如何艱辛和不易！

黃俊明服務的「歷坵社區」就在他住的賓茂社區再往山裡走，車程約五分鐘時間。歷坵有名聞全國「都飛魯溫泉」，種有小米、洛神花、咖啡等各式農作物。

黃俊明在部落推行社區警政，協助社區重建，成立網站行銷特有農產品，吸引各地遊客來部落，更有國外人士慕名而來，在此長住靈修，體驗部落自然溫泉和大自然生態。

歷坵曾首辦全國大專生三天兩夜「部落遊學」，開啟國內部落遊學先例，讓青年學生走進他們原認為神秘又有些落後的部落，重新瞭解原住民的親和、幽默，文化中的古老故事，是如此充滿智慧，更藉著親近自然，瞭解山林的偉大和奧妙。

「金崙溪流域排灣族部落遺址」的地形圖，是部落耆老口述，黃俊明和老人家翻山越嶺，溯溪而上重新標示出來。

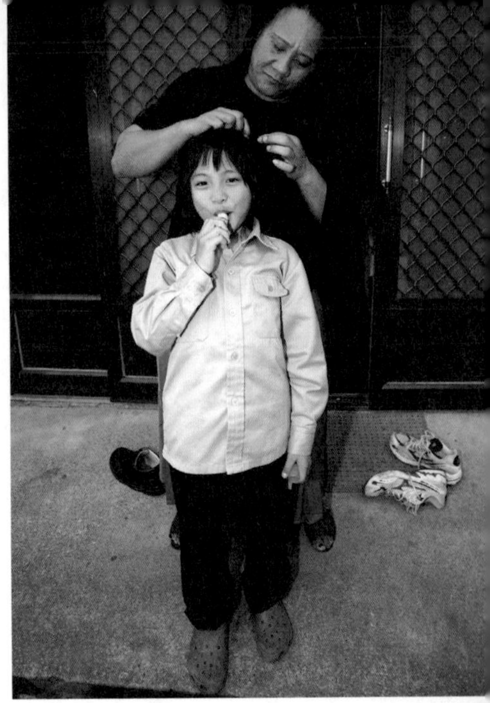

楊秀英是歷坵長老教會宣道士，也是黃俊明姪女，部落推動社區警政時，她剛好回歷坵出任社區發展協會理事長。

留著一頭長髮，有著原住民豪氣和嗓門的楊秀英說：「學生一進入部落，就有各種過火和水的儀式，讓學生都感覺新鮮和有趣，喚起他們參與的興趣，社區族人會教他們種、採小米和洛神花，瞭解各種植物特性，黃俊明則任解說員，為遊客講述排灣族一則又一則的文化故事。」

部落仲裁制度

黃俊明和楊秀英等人推動社區警政，除了吸引外來觀光客到歷坵參觀遊覽，他們在部落內，更為很多隔代教養的小孩找到了未來和希望。

楊秀英感嘆：「在山上部落隔代教養的孩子很多，有的是單親又隔代，有的是隔代父母都在外面工作，祖父母都很難管教，而隔代教養這區塊，主管機關又都不太重視，我們決定自己來做。

教會宣道士楊秀英感嘆的說：「部落隔代教養及單親家庭孩子很多，很難管教，於是我們決定配合推動社區警政的力量自己來做。」

「部落一名小孩很會偷竊，阿公、阿嬤辛苦存下的錢也偷，連存摺也拿走，還會偷部落喜事禮金，偷的錢都拿去玩電動，小孩偷成這地步，但他阿公、阿嬤還叫我們不要管。」

「在部落裡，警察公權力是權威象徵，大家最怕警察上門和上法院。偷竊如果被抓到要送法院，一個月要去上一次課。我們把偷竊會有的結果告訴小孩和他家人，第一次採取原諒方式，再犯就請警察出面做黑臉。但這麼多年來，社區沒有移送過一名小孩到法院。」她一口氣說完，有著一絲驕傲，但最後還是把榮譽歸給黃俊明。

歷坵部落成立有非常特別的「部落仲裁制度」，部落民眾違規如果未達違法程度，他們即藉由原住民古老刑法，循著傳統內在法律，以社區服務勞動，去撿垃圾，去河邊做環境管理，代替處罰。他們這樣做，為的是保護孩子。

歷坵派出所所長羅建明，也是北里村頭目，他非常贊同黃俊明將社區警政結合部落文史工作方式。

如果有案子就辦，結果只會讓孩子愈來愈壞，犯錯的小孩，會因已有案底根本不怕了，就這樣一直往下陷了下去。如果用部落力量去保護他、關懷他，隨著年齡成長，小孩會改變，現在這些小孩都長大了，有的到山上工作，也會為社區義務服務，偷竊在此絕跡。

歷坵派出所所長羅建明，是北里村當地頭目，他說：「部落小孩放學回到家以後除了看電視，阿嬤也不可能指導孩子功課，黃俊明在派出所內，成立電腦教室和母語教室，讓孩子放學後來這裡寫功課。我們申請網路線，讓小孩學習熟悉電腦，黃俊明有母語認證資格，也利用這個時間教部落孩子排灣族母語，一舉數得。」

派出所成了學童下課最大的期待。

創意來自於文化生命力

社區警政在台灣曾風行一時，但真正做成功而能持續下去的並不多。黃俊明非常感謝當年台東縣警察局長施源欽，在台東推展社區警政，以開放和創新嘗試的精神，讓他們勇於發揮創意恣意揮灑，實驗開展出國內最成功的社區警政部落。

所有事物的成功都不是偶然的，黃俊明當初的創意來自那裡，他說：「文化。」

黃俊明說：「文化對我來說，就是族人語言、風俗、歌謠、祭典和美麗文字，和耆老述說的傳統故事，那些故事都是先人留下的智慧。如何讓散失已久，留在耆老腦海中的經典故事，能累世閃爍流傳下去，是我一直追求的理想和使命。」

警察，是黃俊明的職業，也是他的志業，他在警察工作中，注入豐沛的「文化生命力」。就如同法國人將美食廚藝，視為法國最高藝術一樣的崇高。黃俊明用文化涵養，生命價值，影響帶動周邊同事、族人，讓台灣警察重現他們的生命力和價值。

黃俊明說：「研究語言和環境互動有很大關係，這在『語言生態學』上叫作『場域』。語言只存於使用腦子裡，語言只在這些使用者，面對彼此或面對自然時，也就是面對社會環境和自然環境時，才發揮應有的功能。」

黃俊明因而體會到，語言行使需要一個空間，「部落」是一個自給自足的小社會，是原住民語言運作的固有場域，也是原住民語言保存的最後堡壘，剛好符合當前社群時代精神，是「社區總體營造」的另一種表達。

關鍵人物的影響——森丑之助

黃俊明是在台東成功警分局當教官期間，開始利用休假日，做文史保存工作。他說：「我是原住民社會知識分子，有固定工作薪水，孩子漸漸長大後，我開始思索，能為我的族人和社區做什麼，能留下什麼東西給後代，告訴子孫別忘本，我選擇了我的族語和史料作為記錄。」

而給黃俊明關鍵影響的，是一位已往生八十多年，被譽為「台灣蕃界調查第一人」的日本人森丑之助，他縱橫台灣山林三十年，走過的路徑之長、之險、之深入，採集資料之精、之博、之珍貴，不但前無古人，至今仍未有人能超越他。

楊南郡譯註的《生蕃行腳》一書，對森丑之助，曾有如下的描述：「森並沒有學術基礎，他對原住民的調查，都是在第一現場用一步一腳印做出來的，所有的原始性資料和原創性論點，都是在經歷千辛萬苦實地踏勘後，以非學術性語言樸實無華的記錄下來，是針對親眼目睹的現況做最平實的記載，而非以主觀理論來詮釋事實。

「這樣原汁原味的記錄，比起通篇演繹的學術論文更具價值，因為學術論文常常受到新出土證據挑戰，某些當時被視為至高無上的經典，幾年後可

能淪為不值一顧的笑話。然而，實地採訪部落生活文化或地理原貌記錄，幾年後當調查訪問對象，因時勢變遷而消失或變異時，原始記錄就更加珍貴了。」

黃俊明認為，自己所做的調查研究，和森丑之助非常相近，他期許有朝一日，他寫出的文史資料，能像楊南郡先生的《生蕃行腳》一書，如此平易通順和吸引人，並成為國際人士研究排灣族文化史的參考。

黃俊明是警察，也是原住民文史工作者，他希望自己的研究調查成為研究排灣族文化史的參考。

語言死亡如同喝陌生女人奶水長大的

黃俊明說：「很多人可能不瞭解，當今世界上的語言，正以前所未見的高速死去，排灣族母語已成為『瀕危語言』。要保存自己的母語，除了說還要會寫，因沒有文字為輔助載體，所有的言語，隨說隨掃。一旦說話的人不存在了，大片的語彙也會因而灰飛煙滅。

「做田野調查時，我心裡常會想著，如果有一天老人家們都走了，我們的語言就會整個消失掉，死了，那種害怕文化消失的心，非常深刻。

「有一天，族人可能才會驚覺，部落的母語聲已經稀落，漸漸走向死亡邊緣，大家才開始覺醒，那時候是不是還來得及，誰也不知道。一般人可能無法瞭解，失去與生俱來的母語，是什麼樣的感覺。」

大衛．克里斯托所寫《語言的死亡》一書，如此深刻形容語言死亡：「我覺得像是喝陌生女人奶水長大的，好像我是別人養大的。有這樣的感覺，是因為我不會講我母親講的話。」

在部落裡耆老是碩果僅存的象徵，但也像母語聲日漸稀落。

黃俊明說：「沒有語言的民族，便是沒有心靈的民族，語言，是說話人標記，是民族族譜，如果任令語言流失，等於是把自己隔絕在歷史之外。有些事情隔著千年時間，牽動情緒的理性大過感性。但反過來，我們看不懂的，若是祖父、母的信，聽不懂的是他們講的話，那時心裡的蒼涼，一定難以言喻！」

黃俊明說的話讓我體會到，面對語言或是文化點滴流失，人悼亡傷逝的心理過程，跟眼睜睜看著一個人邁向死亡差不多。讓我看到，一位努力捍衛自家文化的勇士內心的掙扎和存在的使命。

黃俊明最喜歡從事田野調查，完整記錄族人遷徙歷史，他和部落中的「獨腳獵人」對談，有說不完的故事。

母語教學讓世代原住民小孩重新認識自己，未來面對主流文化的衝擊時，是否還能延續，誰也不知道。

讓新鮮的知識和經驗連結

黃俊明把重點放在排灣族語言保存上，他花了近五年時間，利用星期假日，去上語言學習課程，和做田野調查，到各地聽課和演講。

他向大學教授學習田野調查方法，自學羅馬拼音法、研讀文史及考古書籍，一頭栽進研究領域。因他從小就會說自己族語又會打獵，和部落耆老文化接觸較深，瞭解老人家所說內容意涵，在老人家指導下，他進步飛快。

努力認真學習，使他能說流利族語，用族語書寫成文字，考取族語認證文憑，外賓來部落參觀時能當解說員，成為社區警察中的觀光、外交使者，提升了警察形象和榮譽。

黃俊明說：「當年的上課對我來說非常重要，是人生階段重大的啟發，那些課，對我來說，都是『新鮮的知識』，我在知識領域中和經驗做連結，有時一小時課能聽進去五分鐘，內化成自己東西，對我來說就是很大突破，我常從其中找到很多靈感和樂趣，在警察工作中加以發揮實踐。」

黃俊明認為，語言是需要傳承和學習的，如何透過知識傳授和教育力量，讓部落的文化發展和學習教育能夠延續下去，是改善人的品質，和社會發展很重要的一環。

文史成就的具體呈現

他從《排灣族頭目系統族譜》開始做記錄，他體認到文化式微，有可能會使族內發生亂倫情況，如果蔓延開來，將衝擊嚴守禮教的族人。

「有一次我去參加一個聚會，看到一名女孩長得非常標致，我對這名女子非常欽慕，有一天我叔叔帶著這名女孩來我家，我才知道心裡暗自欽慕的女孩是我的堂姊。」黃俊明說。

後來，他堂妹女兒和堂叔兒子在交往，大家一問才知彼此有親戚關係。如果不把家族系譜做好，自己家族都有可能會發生亂倫情形。他做出系譜後，陸續有族人體會到系譜的重要，來找他協助整理他們的族譜。

陋室中的四個字「晴耕雨讀」是黃俊明生活的態度。

接著，黃俊明又完成「金峰鄉部落地圖」，把「金崙溪流域排灣族部落的遺址」建誌。他又協助《金峰鄉志》編纂工作，負責第七、八篇文化采風及宗教祭儀等二篇，為鄉史留下記錄。

部落老人家看到他在做族人記錄和文化保存，常誇讚他。但黃俊明內心卻想著，自己的力量是多麼微不足道，但只要耆老認同，他就覺得值得了。

生命的領航人——大姑媽

黃俊明會投入文史保存，他的大姑媽黃俊花，是影響和引領他最重要的關鍵人。

黃俊明小時並未隨著當警察父親四處調動，他因受到當時紅葉少棒揚威全世界影響，愛上棒球，堅持留在部落小學就讀，後來參加金龍少棒選拔被錄取，但因母親反對，中斷了他少棒美夢，但他和姊姊一直都和守寡的大姑媽相依為伴，直到她生命盡頭。

大姑媽往生時，黃俊明追念她寫了一篇《墓誌銘》：

> 大姑媽丈夫和弟弟二次世界大戰時，參加日本高砂義勇軍，結果相繼在南洋戰場捐軀，隔年，大姑媽六歲獨生女又因病去世，多重打擊，讓當

時三十一歲大姑媽飽嘗失去摯愛親人之痛。她一生命運坎坷，最後，活到八十六歲高壽，這不知是命運的悲或喜！

大姑媽從小深受傳統排灣族文化洗禮，對禮道遵循相當重視，年輕時，曾拜師學習排灣族傳統宗教信仰祭儀醫術。經歷人生無常大變，她並未因此失去生存力量，更堅信基督上帝福音。

她把全部精神投入文化保存和研究，是地方耆老及部落文化、歷史傳說故事的領航者、傳承者、點燈者。終其一生受到族人最高尊敬和愛戴，直到生命最後一刻，她都如太陽般照亮著族人。

黃俊明大姑媽生前，保留了很多日據時代珍貴的照片，《金峰鄉志》編纂採用的日據時代照片，都是他大姑媽生前保留下來的，對此他有著無限珍惜和驕傲。

大姑媽黃俊花是影響黃俊明投入文史工作最重要的關鍵人，黃俊明的老婆秀雲非常珍惜這張照片，特地為她換了一個新的框架。

黃俊明有感的說：「大姑媽就像一位牧者，她一直抱持著一燈照隅，萬燈照國的理念和想法。她認為，即使個人一盞區區小燈，儘管只能照亮一隅，但千燈、萬燈普照的話，一定能照亮更多的人。她的心像海洋無限寬廣。」

在部落裡，黃俊明有時也會遇到挫折，但大姑媽生前堅韌的意志力，給他的身教影響，他會去找部落老人家談天，聽聽他們古老智慧之語，讓他茅塞頓開，尋求到安慰和再出發的力量。

隱居在深山的心靈之交

黃俊明有一位莫逆之交呂憲明，住在賓茂村部落裡，他深受黃俊明在文化保存熱力的影響，也是位部落傳奇人物。

在山上找到呂憲明，高瘦身軀，黑得像木炭，兩眼炯炯有神，他用石頭砌成的擋土牆石壁，隨著山坡逐層而上，疊羅有致。一年多來，疊的石頭重達上百噸，也難怪他看起來如此粗黑精壯，他的森林裡有一座遺址，龐大而有氣勢。

談到黃俊明，呂憲明就先打槍說：「我一人在山上工作，黃俊明可能也是好奇，常來和我聊天，談一些排灣族文化和語言消失的問題。剛開始，我只是覺得這個人有些臭屁，和人講話的神情，讓人感覺好像總是站在二樓說話，很不習慣，我心想他可能是沒有地方宣泄，就充當他的聽眾吧！

「但聽久了，喔！覺得他說的內容還滿有道理，而且愈聽愈有趣，我後來瞭解到，他為了保存母語，做了非常多田野調查研究，花了很長時間訪問部落耆老，還去學母語認證，精神和毅力讓我很感動。我看過他各種文史研究資料，在電腦中的建檔，只能用『驚人』來比喻！」

呂憲明說：「有一次我看一個電視節目，記者訪問西拉亞族一位碩果僅存八十多歲的耆老，談自己的文化，這位耆老說：我很孤獨，因我的族人只剩我會講我們的母語，這美麗語言，竟找不到人對談，那一天我死了，我的母語就跟著我死亡了，所以我很孤獨！」

■呂憲明的山坡地挖出一座排灣族「蹲屈葬」遺址，他要永遠的保存下來。

呂憲明說：「這位老者很悲傷，因最後竟然是選擇他來帶走族人語言。那節目讓我非常震撼，第一次聯想感受到自己的文化和母語正在消失中。我想到黃俊明，為什麼如此孜孜於保存我們排灣族的文化。我甚至想到若干年後，他死了，有人去開他的電腦，才知道原來他為族人，保存了這麼多絕學的志業。」

你背過你老婆嗎？

母語和國語有什麼不同？呂憲明解釋：母語對他們來說，比較能達到那個意境，例如，如果開玩笑或隱喻事情，用母語會比較有趣，如果用國語，有時會讓人覺得太直接，少了那層味道。

呂憲明舉了個例子：「剛和我老婆認識時，有一次我母親用母語問我：『你背過你老婆嗎？』我搞不清楚我母親在說什麼，就回答她說：『奇怪，我幹嗎背她！』我母親聽了只是猛笑，後來我才知道，她問的意思，翻成國語就是『你上過她嗎？』」我們聽了以後都哈哈大笑。他說，這就是母語和國語最大的差別，一個含蓄，一個直接。

呂憲明談到退伍後，父親引他到山上打獵設陷阱的經驗。第一次去，父親指著地上腳印問他，這是什麼動物腳印？他摸著頭，答不出來！父親惱怒拍著他的頭說：「這是狗的腳印也認不出來！狗就在你旁邊，你還叫原住民嗎？我不相信，你能養活我的孫子、孫女！」他手揮了一下，學父親當時氣沖沖的表情。

有一次他和父親上山，看到一個山羌腳印，父親叫他放陷阱，試看看，隔一陣子，他獨自上山查看，還真的捕到獵物。

父親問他，捕到的是什麼獵物？他回答「山羌」，父親問他：「有多大？」他說：「很大。」父親又問：「大概有多重？」他答：「可能有十斤重。」

父親表情出現一絲疑惑，「山羌有那麼大嗎？」父親打開麻布袋一看，朝他腦袋打了下去，「山羊都認不出來，你還叫原住民嗎？兒子你不要丟臉好嗎？」呂憲明說這故事時，一手拍著頭，一臉羞愧，在場的人都笑翻了。

黃俊明非常自豪有呂憲明這位朋友，也可以看得出來，呂憲明受黃俊明影響後，開始專注族人的文化。二〇〇八年部落豐年祭時，呂憲明被推出來擔任總幹事，就可以看到他內在的轉變。他說：「唯有透過實踐，才能讓我們的主體生命再生，真正有益於族人。」

母語的美麗境界

黃俊明對自己族人的文化有著一層優越感，他對自己族語的文詞優美意境，也有著難以言喻的著迷。他說：「排灣族很多用詞都是隱喻的，很少有粗俗的話，而且帶著濃厚的趣味性。」

他最喜歡的一個引喻是：兩個男人同時在追一個女孩，情敵相見時，他們會用「眼睛像被牽牛花乳汁滴到般的刺眼」來形容。原住民在開墾時，會碰到很多蔓藤牽牛花，若被牽牛花乳汁滴到眼睛，會刺眼到張不開的地步，要用水去沖洗才能張開。所以他們比喻，情敵相見，就用眼睛被牽牛花乳汁滴到，分外眼紅。實是深刻之至。

過去原住民男人出去狩獵，回來後就會高唱《勇士之歌》，他們歌詞是這樣寫的：「假使我在曠野，我會帶回豐碩獵物，裝滿很多的肉從深山歸來；我若遇到黑熊，絕不退縮逃跑；假使頭目駕崩，我一定一馬當先，先到達弔喪。」歌詞直接動人，勇士精神具體呈現，讀了讓人快意無比。

獵人和獵人間，也會有相比較的時候，但即使互相較勁，也有著一絲含蓄和謙容。以獵人「報戰功」來說，他們會以「我曾經走過多少懸崖」來做比方，引喻的是，「我曾經打過多少長鬃山羊，你知道嗎？」

因長鬃山羊都出沒在高山懸崖上，即使是獵人也未必每個人都能到達，並守候到難得一見的長鬃山羊。他們用此表達自己的英勇，而不是直接式炫耀。

黃俊明是排灣族文史的一個縮影，從沒落中崛起。他是歷坵部落居民守護者、社區警政實踐者，更是捍衛延續排灣族文史的勇士。身為一名警察，他完全實踐「獵人和勇士精神」。

黃俊明讀過一篇文章，最能表達他對自己族語的憂心，具有深意，特地摘錄下來，作為文章結尾，也讓我們重新開啟，對原住民生命、文化和語言的內在思索，進而去欣賞和尊重他們智慧美麗的文化。

■ 金崙溪流域中的「獵人石像」世世代代守護著這一片土地。

黃昏的民族——台灣原住民

kacalisiyan a pasaulip anga a kinataaljaaljanan

不知道你是否曾想過
二十年後　將不會有人　會說我們排灣族的語言
也將不會再有人　會唱我們排灣族的歌謠
你能忍受看見我們的後代
模樣雖然和你我一樣並不太白
但是他們說話所用的語言　唱歌所唱的歌曲
對任何事情思考的模式　已經完全改變使我們全然陌生
你千萬不要說　這話不足信其實
我所敘述的這些話　正是二十年前我們前輩的預言
看看目前部落的光景　及周遭的環境　都在急速的改變
二十年前　我們對於不會說排灣語的小孩會感到驚訝
如今　一個會說排灣語的小孩　即時只是一兩句話而已　也會讓我們驚嘆不已
並且　對於這個孩子的父母　所做的努力深感佩服和尊敬

但是　像這樣努力的同胞　究竟還能看到幾個？
你我都知道　真的沒有幾個
現在　如果再沒有人重視　並且儘快著手計畫落實排灣語的教育
也許不必等到二十年　排灣族語必然消失的預言就會成真不疑
我真的相信　這絕不是嚇唬我們的話
我們回頭看看世界上各民族的歷史　我們不曾聽說過
任何一個面臨語言消失的民族　能幸運的繼續延長留存的時間
這個民族終會消失
我們可曾想過　莫非這就是我們排灣族最後的結局嗎
這是我們要的結果嗎　如果我們說　絕不是這樣
那麼　就讓我們不止是單單心中的感動
也付上確實的努力　全力的搶救　積極的實現
去教育　復興我們的語言——排灣族語
這樣　我們的語言——排灣族語可能留傳
而我們排灣子民　也才會像河水一般沒有間斷
沒有阻隔　世世代代相傳川流不息

歷坵，多陌生的名字，但這裡卻是許多外國男、女的天堂，他們不遠千里來這塊寶地靈修，用大自然的力量修復自己。

歷坵導覽

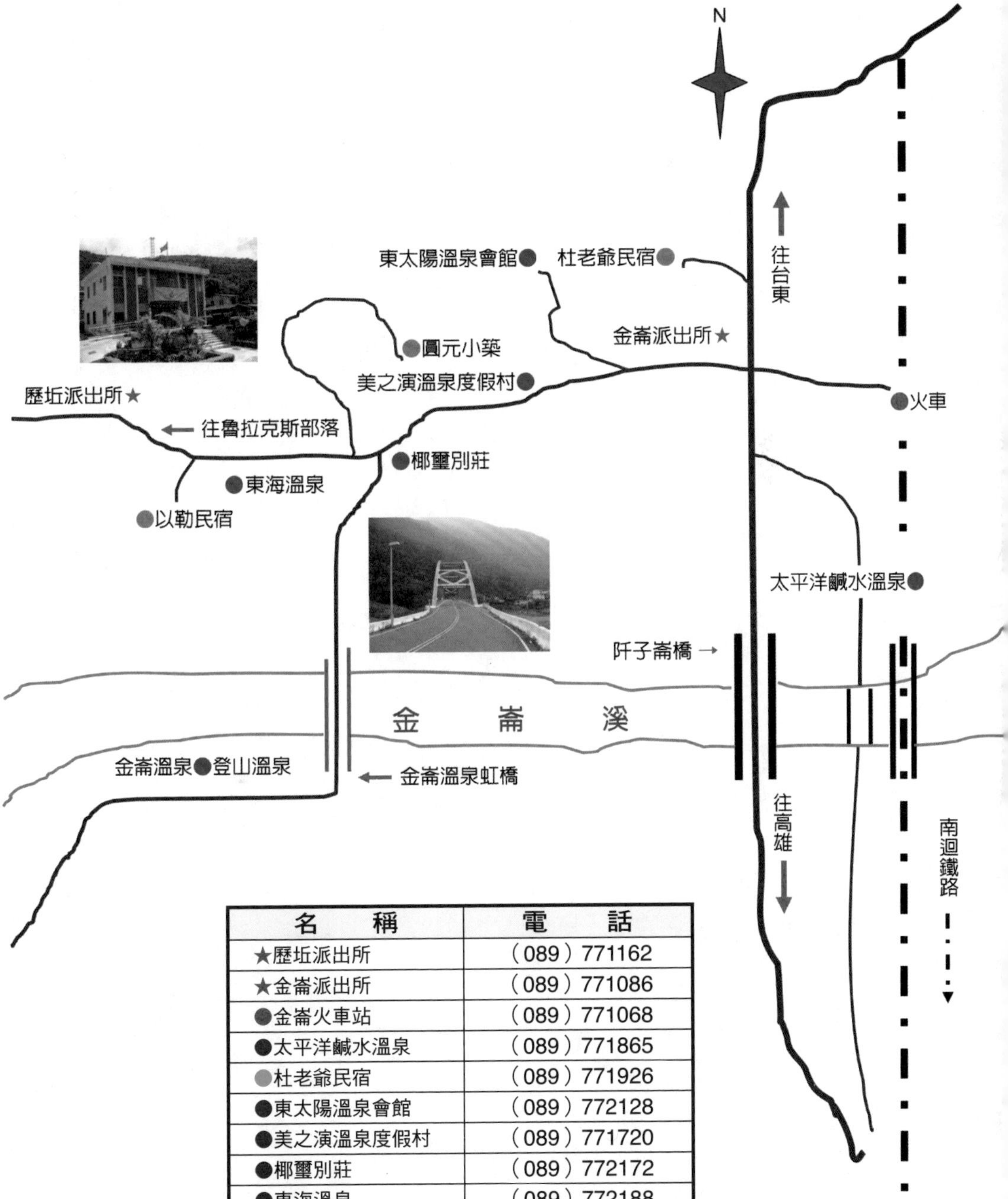

名　　稱	電　　話
★歷坵派出所	（089）771162
★金崙派出所	（089）771086
●金崙火車站	（089）771068
●太平洋鹹水溫泉	（089）771865
●杜老爺民宿	（089）771926
●東太陽溫泉會館	（089）772128
●美之濱溫泉度假村	（089）771720
●椰璽別莊	（089）772172
●東海溫泉	（089）772188
●圓元小築	（089）772008
●登山溫泉	（089）771098
●金崙溫泉	（089）771003
●以勒民宿	（089）771240

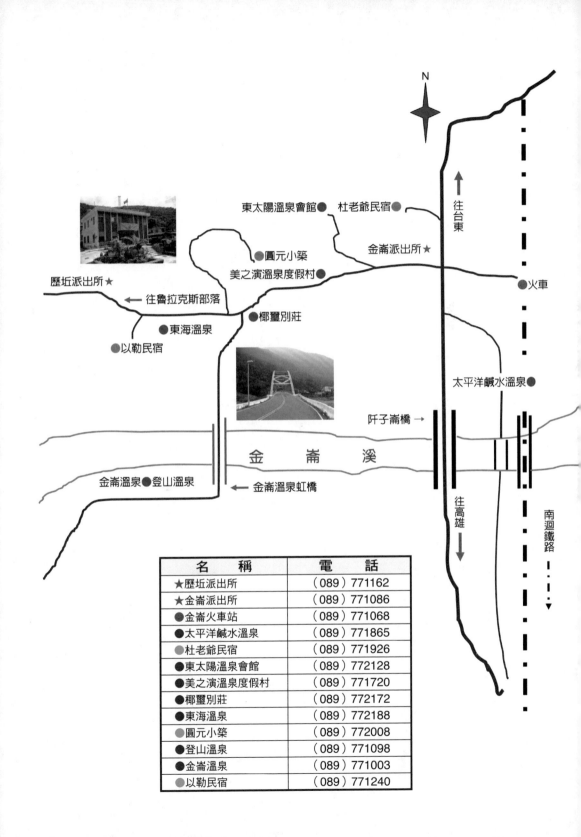

第二部

旅人

故事主角的七大特質

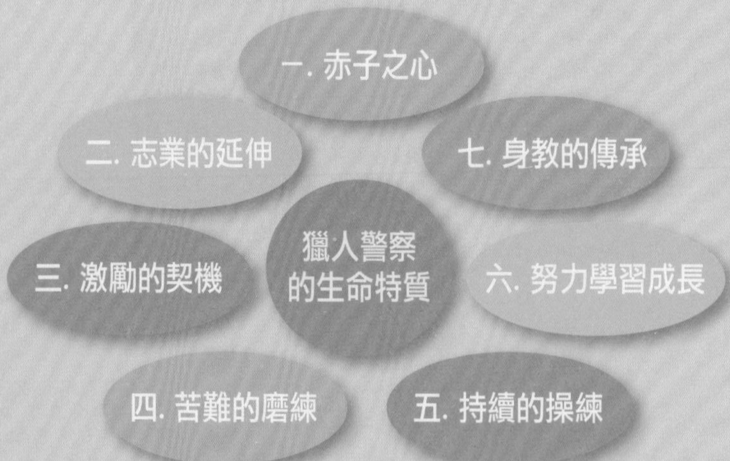

一. 赤子之心
二. 志業的延伸
七. 身教的傳承
三. 激勵的契機
獵人警察的生命特質
六. 努力學習成長
四. 苦難的磨練
五. 持續的操練

從對故事人物採訪瞭解，我建構出一套理論上觀察，認識到某些特定時期的人，對於塑造出他們不同志業發展，而且能做出成績，他們多是在特定時空及時代背景下成長的。

我把書中故事人物各方面的精神和特質綜合，歸納做出類比分析，呈現給讀者朋友參考，更進一步瞭解，書中主角是處在什麼環境中，培育出他們共同的七大特質。

例如，他們有原住民的血統，都經過自我的追尋，在尋找中建構自己，從小生長在大山中，植物和動物開啟了他們的生態知識，瞭解到人和自然的關係，祖先的文化和智慧給他們留下最豐厚的資產。

他們說出的字句和語彙，簡單卻又深邃無比，就像經典般讓人回味無窮，甚至堅信不疑。對人事物的看法，單純、直接，那種心靈的美好，是無價的。

而對他們人格養成理論，不是來自先天良好教育，或優渥生長環境，而是顛沛流離的艱困生活，和不斷接受挫折的勇氣。從中，我發現人在經歷考驗後不但能夠更堅強，而且具備和展現領導他人，和不斷學習的一種過程。

而他們對工作、生活和人事物的珍惜，對物質需求之低，也大大超過我的想像，一碗白飯，兩碟野菜和著醬菜，就能讓他們溫飽且甘之如飴。他們對別人生命的尊重和重視，有時甚至超過自己的性命，那是生命終極的關懷，人類最高尚的情操。

「獵人精神」讓他們從艱困環境中淬煉出來，不斷挑戰開發自己的潛能，從中尋找生活和生命的正面意義和價值，除激勵自己力爭上游，也努力讓別人能過著美好及快樂的生活。

以下是我綜合歸納出故事主角七項特質的分析和介紹：

一、赤子之心

「登山客守護神」中的楊坤樺，他自掏腰包買氧氣筒、棉被，買電信設備供登山客使用，如果沒有同理的赤子之心，如何做得出來，所以雖然他要求嚴格，同仁對他有微詞，但他的初心卻讓大家敬佩。

杜振昌，年近五十，有時不免貪杯，但他卻有一顆善良慈悲的赤子之心。他太太在桃源鄉家中，接受我們訪問時就說：「我先生是一個老實人，有很好的心腸。」我從他太太這句話中，找到小杜在山難意外事件發生時，總是衝第一的原因。

和小杜說話，你也會發現他的質樸、單純和誠懇，在深山裡的生活和工作，讓他和外在世界有很深的隔絕，但他擁有的赤子之心，就像他抱回來收養的女兒湘芸，在我們訪問時，童真的說出「對，我是抱回來養的」，讓我們震盪不已的話。

「後山的天使」余麗娟也同樣擁有赤子的情懷，她的同事多認為，保有感同身受的同理心，是余麗娟帶領她們這群年紀比她大的姊姊們的最大魅力，而所謂的領袖魅力（charisma）其實就是赤子之心，領袖魅力會讓人不由自主地為這位領導者服務。

但余麗娟卻認為，持續讓自己前進，打開以前沒開過的門，做些新鮮事，好奇心，會不斷引領我們走上新的道路。

花蓮海星中學來部落遊學，撒可努在部落青年會裡，和學生談天說地講故事，才一會兒時間，學生全都high翻天了，笑聲和鼓掌聲不絕於耳，我不知道他有什麼秘訣，和偉大的神奇力、魔力，能找到的唯一原因，就是他一直保有的那顆赤子之心。

邱秀妹師母在敘述施正木死而復生時，不由自主的流下眼淚，有如回到了當時的情景，那種對人的真誠情感，是我好久沒有的感覺。

第一次，我們去阿木住的內文村，在教會聽蕭世光牧師證道。結束前，牧師突然請全部的人為我們禱告，祝我們一路採訪順利平安。師母坐在鋼琴前，彈奏著《奇異恩典》的曲子，我坐在最後一排，看著每一個人熱烈、熱誠，低著頭，嘴裡喃喃有詞的為我們禱告，我淚水也不停的流下。

我心裡想著，我們素昧平生，第一次來到這裡，他們卻如此誠心為我們禱告，強大的宗教力量深植我心。

經過觀察後我發現，故事中主角雖然年齡不同，但都保有很多的可能性，未喪失年輕時的天賦。他們對事情保持新鮮好奇，保持赤子之心和戰士般的勇氣，願意冒險和尋找樂趣，願意在失敗後再來一次，找出他們最擅長的工作，而這也是令人最振奮的事。

部落文化再生者黃俊明說：「我們應該時時為自己打造一座心靈圖書館，以存放你在職業生涯中留下的記憶，這些事件可以讓你回味參考，也會成為你內在力量與信心的來源。」

二、志業的延伸

故事主角平日都有固定的工作要做，也都有家要照顧，但他們憑藉著內心的一股使命感，把他們的專業工作延伸，成為人生的另一志業。

文化是傳承一個國家、民族的重要命脈，是凝聚人們愛鄉、愛土的原始動力，它會對渾沌未來指出新的方向，為團體尋找出共同努力的目標。

撒可努在太麻里拉勞蘭部落成立「青年會」，籌辦「獵人學校」，把部落中輟生找回來回到求學路上，讓更多年輕後代認識美麗的山林，他重新建立部落信心，用教育的方式，為下一代找到他們的學習和求知之路，拉勞蘭部落已成為原住民學習的典範。

黃俊明為他的族人做出讓人引以為傲的歷史傳承大業，他發揚排灣族優良文化，建立文化認同觀念，把原住民散失已久的文化找回，從各種不同面向探索原住民的美麗與智慧。

而讓人感到驚艷的是，黃俊明在他完成人生志業的同時，也為警察形象注入新元素，一個能成為警察故事主角的，不再是英雄主義的破大案，或計斤論兩的立功嘉獎。

他可以是文化經營貢獻者，也可以是歷史傳承的卓越者，只是讓人稱道的絕對不會是他職位上的高低，他適時為警察小人物狂想曲提供另一個出口，成為警察文化再生的原動力，創造出警察特有的軟實力。

施正木把全部心力奉獻給警察工作和教會，工作所得十分之一捐給教會，在教會擔任長老的他，數十年如一日用服侍主的精神工作，他從信仰上所形成的向上人生觀，非常驚人，並帶給他死而復生的經驗，讓他在工作上做到許多人無法做到的事情，他把警察的工作放到最大，成為一種極致的志業，很少人能像他如此。

施正木說：「不管未來變得如何，人家如何對我看待我，都不會有影響，我都是用服侍主的心，來做我現在的工作。」阿木是人，但聽他說話，你會感覺他像一座堅固的磐石，是警察的中流砥柱，那是內心使命的驅使。

阿木內心也企盼，那一天退休了，父親留下的山蘇園仍是他情之所寄。如果年紀那麼大的他，到時還能進到神學院進修，那會是他一生最大的夢想。

「登山客守護神」中的杜振昌和高褚衍平用大愛的心，收養孩童，他們素樸的心，是後山最感人的故事，引發更多人學習和效法。他們都把自身價值放大，建立在對的事物上，進而產生影響，給多數人帶來轉變和希望。

故事中主角都有捨我其誰的氣概，只要他們認為是對的，即使家人有微詞，但他們還是一步一腳印堅持的做下去。他們都具有強大的生命力、執行力、影響力和使命。

而內在使命讓他們順著走下去，達到和超過他們的想望，建立了人生第二技能，並漸漸開創出生命第二春天，比一般人有更早的覺醒，進而充分體會到生命在事業之上，心念在能力之上。

管理學之父彼得．杜拉克說：「每一項使命都反映出機會、能力和投入感三項要素。領導成功的關鍵並不在於領袖魅力，而是使命。使命是永存的，是負有神聖任務的。」故事中的主角為這句話做了最好註腳。

三、激勵的契機

人們受到啟發的激勵，遠勝於動機的激勵！

書中故事主角從事警察工作前、後，都有兩大相似點。他們都是受到朋友、親人、同學鼓勵才進入警界。且家中多有兩人擔任警察，這成了一種鼓勵、學習、砥礪、競爭、比較契機，有其正面意義。

撒可努高中畢業後，在台北釘板模，在台東做南迴鐵路，從事基層勞力工作賺錢維生，在工作時，深切感受到主流社會對原住民身分不平等的各種對待。一次他在路上遇見擔任交通警察的同學，讓他知道有報考警校機會，同學也鼓勵他去報考警校。他考取後，又鼓勵他大弟百勝投考，弟弟比他晚了兩期。

撒可努和大弟百勝，都曾在維安特勤隊待了七年，目前兩人都在保一總隊「森林暨自然保育警察隊台東分隊」擔任隊員。他們互相照顧、砥礪、扶持，努力做好工作，養兒育女，有著共同的理想和夢想。

黃俊明高農畢業後，在台北釘板模，做建築工，當警察的表哥李茂雄一直鼓勵他報考，加上已過世的父親早年從警。他在工作十年後報考警察學校，只可惜這位人前人後照顧他的表哥，卻因突來的腦溢血過世，但他們的精神卻長留黃俊明心中，一直是他內在的學習對象。

施正木做過鐵工、土木工，在屏東家鄉邊界，開著雜貨車，載著妻子和兒子，叫賣生雞蛋和檳榔，一直到三十三歲那年，在當警察的二哥施正順鼓勵下，搭上警界年齡限制的末班車考進警專，改變他一生的命運。

施正順目前是台東縣警察局大武分局達仁分駐所所長，他力爭上游和奉公守法的態度和精神，成了阿木的榜樣和楷模。他告訴阿木，當警察除了服務，一定要公正。阿木說：「哥哥把他的看家本領都教給我，他教我辨戶口資料，一定要熟悉到能將每戶住的有誰，名字都能念得出來，才算徹底掌握自己的警勤區。」

阿木的二哥施正順說：「我們的智慧不如別人，要用我們的勤勞換取我們的成果。」

阿木和二哥雖住在內文村隔壁，但兩人分別在台東縣和屏東縣警察局服務，兩兄弟只要有時間聚在一起，一定會坐下促膝長談，互相勉勵。施正順說：「阿木把對上帝的信仰完全融入工作中，他仁愛的心，不是我能比的。」突來的一句話，卻讓人感受他們兄弟的相互影響。

「登山客守護神」中的杜振昌，從小和當警察的大姑丈一起生活，受到姑丈影響報考警察工作。對原住民來說，當警察是改善生活，往上爬升進取的途徑，更是一種榮譽象徵，小杜對工作的那種珍惜，就能體會警察工作對他人生的意義有多重大。他和高松文是同鄉、同期，後來又親上加親，兩人不時的鼓勵、互糗、鬥嘴，有時都成了一種砥礪。

對故事主角來說，能擁有一份穩定的收入改善生活，更是生起他們從警的決心。而他看到父執輩和兄長們，從事警察工作後受到的尊崇，進而體認到警察工作的神聖和使命，完全投入工作，從中服務更多的人，是改變故事中主角最大的契機。而彼此有共同的話題，奮鬥的目標，學習的對象，都讓他們從工作中獲得最大的鼓勵和滿足感。

「後山的天使」余麗娟的先生李建宏，也在台東縣警察局服務，他們夫妻二人是中央警察大學部同學。余麗娟是刑事警察局一九九〇年成立「女警組」時第一代女幹員，是警界第一代霹靂嬌娃。

而這位曾在第一線協助打擊犯罪的「城市獵人」，後來和先生一起回到後山服務，從事一片沙漠的家暴工作，做出亮眼成績。她先生給她的扶持是主要關鍵，他們夫妻的故事，具體的詮釋了「每一位偉大女人背後，都有一位成功的男性」。李建宏成就自己，也成就了心愛的妻子，是人生伴侶最美好的扶持。

四、苦難的磨練

故事中主角年齡多在三十六歲到五十歲中間，但成長背景相同，他們多是原住民，成長於山林，生活艱辛，很早就要協助家中生活，無法正常就學。

撒可努，是書中主角中最年輕的一位。他是隔代教養的孩子，國小就學前，大都由外公、外婆和祖父母照顧。他和外公出海捕魚，到外婆小米園幫忙農務，照顧家畜，生活清苦。

但長期和自然環境相處，外公、外婆樂觀尊重關愛的生活處事態度，和尊重自然萬物與生態資源的宇宙觀，深深影響他日後帶領部落孩子們，以及待人處事的標準。

他從小看父親到山上做工，回來後，就拿錢給母親。他心裡在想，「山上種著一棵會長錢的樹，父親去山上採錢回來交給母親」，多天真的想法。一直到父親帶著他上山狩獵採集農產品，瞭解山林，他才知道山上生活是如此艱苦，才知道種錢的樹是他幼年幻想的童話故事。

撒可努國小就開始自己想辦法賺零用錢，在部落幫忙採收玉米，國中為了繼續升學，到林班地採竹筍、生薑。

他說：「那時的辛苦，現在有時候想起來還會想哭。每天早上五點多就必須起來工作，在山上還會被人家欺負，沒有人幫我講話。山上天暗得很早，但到下午五點多都還在山上工作，走回去都還很遠。有時碰到下雨，山路很滑，就一路跌到家，摔到受不了哭出來。」

但父親帶他上山打獵和工作的經驗，讓他從中學習到，動、植物生態知識和狩獵、種植技術。而傳統生態知識，在學校課程裡並沒有相同的系統化教學，他完全是以「做中學」的方式，建構自己重要的生命經驗。

故事中主角「山神」施正木、「部落文化再生者」黃俊明也都是如此，在外工作近十年才踏入警界，艱辛生活讓他們進入警界後，比任何人都努力和珍惜這得來不易的工作機會，帶著這份榮譽，勤於工作，讓一家人能夠溫飽，自己能在族人中出人頭地。

對故事主角來說，早年苦難折磨，甚至是一場悲劇。到最後，都成為一種體能和心靈上的磨練，這些經歷改變他們自我認知和處事的態度。

他們從苦難中發掘意義，把磨練作為更新自我條件，將自我內在潛能開發，變得更堅強，更能適應新環境，走出困局，協助別人過更好的生活。

就像黃俊明說的：「如果人能度過苦難考驗，從這些經驗中找出正面意義，就能蛻變成刻苦耐勞發揮效果的人才。」

施正木也認為：「就因那些苦難的經歷，我改變了自我。」

我也感受到，磨練是一個機會和考驗，它能釋放能力，讓人在兩難中做出抉擇，更能專注，教導人瞭解自己。它絕對是人生轉捩點，讓人走上企盼已久，甚至注定要走的路。

五、持續的操練

日本音樂教學家鈴木鎮說：「知識並不代表技巧，知識加上一萬次的練習才是技巧。」

和撒可努一起在太麻里金針山巡山過夜的晚上，他說起童年故事，小時候外祖父即把他當成朋友，經常對著他傾訴被外祖母欺負的事，把他當成一位成人訴說。

他從小就學會傾聽和聆聽，並試著安慰阿公，他體會到對人的理解，是多麼重要的心理治療，從中他學會了分享，也尊重別人生命發生的事。

在山上，撒可努把我們當成說故事對象，眼神是會說話的，表情是會反應你喜好的。他從聽者身上，能接收到反應和訊息，他就知道這故事吸不吸引人。

他有身形，有語調，有族語，聽他說話和演講，並沒有什麼大分別，他的準備是從平時就在做，他不斷重複告訴聽者，他體驗的經歷，感動的故事，一再操練，隔天到史前博物館聽他演講，故事就那麼生動地跳出來了。

撒可努讓我想到寫《查泰萊夫人的情人》的法國大作家勞倫斯說：「當真實的熱情感動你時，照實說，熱情地說。」

他更讓我看到，練習和上場之間，並沒有差異存在。練習，同時就是在上場表演和表述。我體會到我們缺乏的是「練習的觀念」，說明白些，我們必須在上場時也能練習。

「登山客守護神」中的高松文，是我見過最強力操練自己體能的鐵人警察，山上氣候變幻無窮，何時要出動救難和救援，誰也不知道。但高松文從來沒有等待，他每天都在操練自己，為自己做準備。

他是天生運動好手，國中練鉛球、高中是拳擊選手、服役時打橄欖球，現在他仍每天跑步、打籃球、舉啞鈴、做伏地挺身、仰臥起坐，桃源鄉的家中有三台健身器材，他用紀律和鐵的訓練，為每一天做好準備。

高松文說，我記得巨大機械總經理羅安祥說過：「人生像騎自行車，須靠自己的力量努力騎，不繼續踩車就會停下或倒下。」他還會繼續踩下去。

「山神」施正木也是如此，對山林的熟悉除了來自原住民小時候的經驗，阿木說：「我沒有班的時候，經常在山裡徒步，有時一走就是一整天，附近有那些住戶，住戶外放了那些東西，山裡有那些路徑，有什麼樹，在轄區出入的有那些人、那些車，都在我的腦海中。」

對阿木來說，現在要做的事，就是未來要做的事，所以他從不停止操練自己。他從二〇〇七年開始，每天大清早起身後，只要有空，一定坐下來抄錄聖經，看看自己有沒有從中找到感動，並藉此更深入瞭解上帝的話，這些工夫給他帶來生活的平靜和智慧，和許多預想不到的效果。

阿木的精神說明了：No magic, only basic.（沒有魔法，只有基本功）。

六、努力學習成長

對故事中主角來說，不斷的提升和進修，是他們工作獲得動力和延伸的來源之一。

撒可努，集各項天賦於一身，但他也體會到自己學歷和能力不足，他讀書不輟，筆記本隨時帶在身邊，記下所聽、所思、所見、所聞，有空就去找老人家說話，他是那樣的敏銳和勤奮，就因保有一顆上進的心。

他利用假日去讀空中大學，補修教育學分，讀完後，又考上台東大學兒童文學研究所，朝他的獵人學校教育目標理想邁進。未來，他還希望到中央警察大學讀博士班，改寫一線三星基層警員就讀警大博士班的歷史記錄。

撒可努以他獵人的經驗說：「如果我們只繞著固定圈子追逐兔子，永遠不會獲得真正有價值的事物。」

余麗娟的進修精神更是動人，在後山從事家暴工作，讓她連續獲得各項獎項和肯定，對她產生了更大的激勵。但如她所說：「獲選十大傑出女青年的殊榮後，更不容我有任何選擇與遲疑，因獲獎並不代表任務的結束，而是另一個責任的開始。人生就只有這麼一回，我不想浪費它，更不想年老回憶時，徒留遺憾。」

她遠赴國立高雄師範大學就讀性別教育研究所，開啟人生不同視野，研究所讓余麗娟體會到莎士比亞說的：「學問是我們隨身的財產，我們自己在什麼地方，我們的學問也跟著我們在一起。」

她更延伸體認到，如何面對自己工作的每一個難題，要懂得尋找外援、要求教練、專家給最好的方向建議，而不是一個人獨立進行。

黃俊明的進修精神，在警察同袍和同族人中，總是被視為異數，他愛音樂、愛讀書，為了學排灣族母語和考取母語認證，他來往於台北、台東之間上課，聽演講，他曾為了參加台北一場深度研討會，半夜坐夜車北上，就為了吸取新知。

為了保存族人文化，做出頭目族譜，尋找自己的根，他上山下海，五年的勤餘時間，完全跌宕在他建構的空間和長河中。我非常喜歡他家中斑駁牆壁上，他好友雕刻家「阿山」張玉山用木頭刻的「晴耕雨讀」四個字。

黃俊明讓我看到知識，並不只是存在於課堂之上，就像他說的：「知識有時也會打折的，知識最終是要化成有效執行。知識最大的價值，有時不在知識本身，而是在它執行後，因而產生的延伸性。」

故事中的警察，都是知識力量的啟動者，他們把其中的精神延伸，把這個力量開枝散葉出去，創新了警察精神。

七、身教的傳承

撒可努小時候，有一段時間和外祖父、母住在一起。外祖父母給他的，不是有形的知識教導，他們讓撒可努瞭解，人必須如何用力的生存，用勞力和勞動換取生活一點所需。

如何把先人所保有的智慧，和傳承下來的不滅定律和體驗，經過事物的解析，讓他瞭解。撒可努說：「那是外祖父、母留給我最珍貴的資產。」

撒可努長大後，透過他新的人生觀察和遭遇，重組了先人給他的資產，成為他的理解、準則和智慧的一部分。

在森林中行走，他父親常對他說：「要用心去走路，而不是雙腳，並用生命去感受大自然的律動，感受微微的風，聆聽樹的聲音。當我們學會傾聽這來自大自然的聲音，我們就不再害怕，而且會從中生出寧靜的心和智慧，力量就會伴隨而出。」

撒可努後來教部落的小孩，自己的孩子，和來獵人學校學習的年輕人，他都是用外祖父、母和父親給他的這些美麗智慧和經驗，傳承下去。

而山林本身就是身教傳承最好的寶庫，山林的力量是用不完的，它會再生，會修復和修補人所失去的內在力量，只要你帶著虔誠和謙卑的心來，一定能找到你所要的。

施正木也是用身教的傳承來教育自己的孩子，阿木的母親近八十歲，清晨四點就起床，到隔壁的教會做晨禱，每天都騎著電動摩托車到附近的自家農場工作，她自己種玉米、芋頭、山蘇等農作物，中午就在農場的草寮中休息，到傍晚才回家，每天過著日出而作，日落而息的日子。

阿木的二兒子雅馴說：「我父親只要休假，就到山裡工作種山蘇，我從父親身上，看到祖父、母留給他的精神。我不抽菸和喝酒，很多人認為原住民不是都會喝酒嗎？但我從來沒有看過我父親喝酒和抽菸，所以自己也沒有學會。」就像很多傑出的品牌領導人，不是靠言語來啟發成員，他們注重的是身教。

黃俊明有不少好友知己，他最喜歡和好朋友分享自己讀到的新知識，他也認為：「別將得來的知識藏而不用，你和別人分享，別人也會給你心得，這樣你不但可以認識更多人，也能學到更多東西。」

故事主角讓我們看到，要發展啟發人的能力，要點是，回頭修鍊自己內在的心靈。心靈深度，是啟發動力大小的開關。但我們在省思自己的啟發能力時，也應切記：「當我們沒有說話的時候，我們教導了別人什麼？」

結語：反思

微軟總裁比爾・蓋茲二〇〇七年，受邀回到母校哈佛大學畢業典禮演講時的一段話，讓我極為動容，他說：「我在哈佛的日子，學到了最新的政經理念、科學發明，但人類最偉大的進步，不在發明這些理念、發明，而在運用這些新發現去減少人與人之間的不平等。」這是一位頂尖的科技人才，經過反思後說出來的經典之語。

美國民權運動中最重要的領袖人物金恩博士說：「並不是每一個人都能成為名人，但每個人都有機會成為偉大的人。偉大與否，取決於你是否服務他人。」

第三集警察故事中的主角，他們服務他人，依賴的並不完全是文憑或專業知識，他們靠的是一顆感恩的心，和能夠慷慨付出的愛，這就是他們人格的最大共通特質。

附錄1

學習之旅

日　期	採訪地點	採訪人物
2008/1/25~26	宜蘭、富里、知本、太麻里、歷坵、台東	前置採訪
2008/1/25~26	花蓮、太魯閣、關山、利稻、向陽、太麻里、牡丹、左營	前置採訪
2008/3/10~15	牡丹分駐所、內文村	施正木
2008/3/29~4/11	歷坵、關山、台東	黃俊明、余麗娟、楊坤樺、高褚衍平
2008/4/14~19	牡丹分駐所、內文村	施正木
2008/5/17~24	桃源、復興、向陽、利稻	高松文、杜正昌、（嘉明湖）
2008/6/10~20	台東、太麻里	余麗娟、撒可努
2008/7/11~14	賓茂	豐年祭
2008/7/11~14	太麻里（香蘭）	豐年祭
2008/9/26~30	楓林村、歷坵、太麻里、台東、關山	後續採訪
2008/11/12~14	台東縣關山	拍故事主角大合照

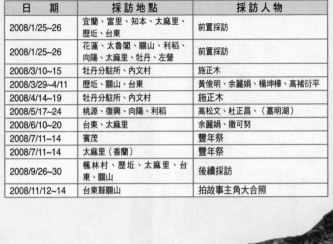

人選蒐集前置作業

訪談單位	人士	時間
警廣	黃添喜	2007／12／11 提供登山客守護神故事題材
警政署警光雜誌	陳瑞南社長	2007／12／21 警光雜誌建議撤可努
警政署	前秘書室主任官政哲	2007／12／25 警署問人選
	督察室金浩明組長 黃秋霞科員	2007／12／26 黃秋霞回電 2008／01／02 到警署督一組 2008／01／08 電黃秋霞 2008／01／09 傳來資料回信道謝 2008／01／30 再電黃秋霞報告情況，再請求協助名單 2008／01／31 連江縣提供名單，警政署提供蘭嶼陳建年、台東縣警局女隊組長余麗娟 2008／02／01 電許呈傑提供的二人名單，請警政署瞭解背景資料
警察大學	謝銀黨校長 葉毓蘭教授	2008／01／04 拜會聊了一個多小時 提供四名人選
國家公園警察大隊	前副大隊長高建源 太魯閣國家公園警察隊 前隊長林康屏 合歡山小隊	2007／12／26 電話請託 2008／01／08 再聯絡提供四人選資料 2008／01／11 提供二名人選沒有資料，要自行聯絡 2008／01／30 提供三名全新名單傳來資料 2008／01／31 回報名單給高建源，請他安排採訪日 2008／02／01 和林康屏約02／12到花蓮採訪

訪談單位	人士	時間
國道公路警察局	簡姚楨秘書 朱和貴督察員	2007／12／27 電話請託 2008／01／08 兩次聯絡 2008／01／09 傳來李新棣資料，回信道謝
保二總隊	許秘書 前總隊長何正成	2007／12／27 去電 2008／01／08 兩次聯絡 2008／01／11 傳來人選資料
鐵路警察局	藍麗華、吳志遠	2007／12／27 去電 2008／01／08 兩次聯絡 2008／01／17 傳來人選資料
保一總隊	蔡榮昌秘書 黃俊宏總隊長	2007／12／27 去電 2008／01／09 兩次聯絡都提供撒可努 2008／01／17 電黃俊宏和他一起去勞警 2008／01／25～26 和總隊長一起去勞警
金門縣警察局	蔡秘書 前局長林文全	2008／01／03 去電 2008／01／14 去電提供人選
連江縣警察局	前局長歐陽立青	2008／01／03 去電提供人選
東引所所長	葉添旺所長	2008／01／04 去電提供人選 2008／01／11 再電局長 2008／02／16 局長再來電詢問名單
台灣省保安警察總隊	吳幸仁總隊長 前副總隊長李莉娟	2008／01／09 親自拜會並寫信請託
	前督察長余輝茂	2008／01／15 傳來名單

訪談單位	人士	時間
民防指揮管制所	前所長林進元	2008／01／09 親自拜訪並寫信請託 2008／01／11 回電 2008／01／14～15 傳來名單
保四總隊	林世當總隊長、劉文等秘書	2008／01／10 去電 2008／01／14 去電 2008／01／16 林世當回電 2008／01／17 提供名單
保五總隊	前總隊長莊清賢 邱秘書、蘇輝德	2008／01／10 去電 2008／01／14 去電 2008／01／16 秘書室主任回電 2008／01／17 提供名單
屏東縣警察局	前局長陳家欽、吳怡賢警務員	2008／01／10 去電 2008／01／14 去電查詢警政署提供的施正木背景，並請提供更詳盡資料 2008／01／18 再聯絡
台北市警察局 台東縣警察局	前督察長施源欽 保安民防課林宏輝課長	2008／01／11 談一小時半，提供台東縣可做名單，社區警政整體輪廓，地區的特色很強 2008／01／30 再電報告到台東情況，並請他協助綠島和蘭嶼人選 2008／01／11 電林宏輝課長，確定台東縣二名人選都可做
保一總隊	黃俊宏總隊長	2008／01／24～26 和黃俊宏一起到花蓮、台東，拜訪撒可努和黃俊明撒可努送他著作，二名人選都可做

訪談單位	人士	時間
警政署外事組	陳瑞通組長	2008 / 01 / 29 拜訪提供金門人選
台東縣警察局	督察室楊美芳督察員	2008 / 01 / 31 電楊美芳請她幫忙尋找綠島和蘭嶼人選，並代為說服楊坤樺接受採訪 2008 / 02 / 01 寄書給楊美芳，電請她聯絡採訪人，並問路程
保三總隊	許呈傑主任秘書 連江縣前警察局長	2008 / 02 / 01 電許呈傑，推薦刑警隊刑事小隊長，和後勤課長林金福

第一趟：前置採訪　二〇〇八年一月二十五日至二〇〇八年一月二十六日共二天

時間	人物	地點
01／25～26	撒可努 黃俊明	森林暨自然保育警察隊台東分隊 台東縣警察局大武分局歷坵派出所

第二趟：前置採訪　二〇〇八年二月十二日至二〇〇八年二月十七日共六天

時間	行程	備註
02／12	上午：搭飛機到花蓮 下午：採訪合歡小隊長林德生，住太魯閣隊上	同學吳宏淼同行
02／13	上午：到天祥採訪葛煌光 中午：坐火車到台東縣池上二小時 關山警分局副分局長曾輝宗來接，到池上檢查哨採訪楊坤樺，不接受採訪 晚上：台東警察局長王榮忠請吃飯，住知本警光山莊	

時間	行程	備註
02/14	上午：到台東縣警察局婦幼隊訪問余麗娟和胡國慶 下午：從關山到向陽派出所，約二小時，夜宿向陽林務局	
02/15	上午：從向陽所出來到關山警分局 下午：副分局長陪同到太麻里撒可努家，夜宿撒可努家中	
02/16	在撒可努的家做採訪，撒妻子、撒父親、老莫、撒可努，夜宿撒可努家中	
02/17	上午：撒可努開車載我們到屏東縣牡丹鄉內文村找施正順、施正木兄弟 下午：施正順開車載我們到枋寮搭火車到高雄，轉高鐵回台北	

學習之旅行程記錄

時間	一步一腳印	備註
02/17	看DVD，香港導演張東亮，以撒可努《山豬．飛鼠．撒可努》一書拍成的電影	訪談歸來和家人一起欣賞
02/18	開始記錄採訪後的回憶和感想，去師大買撒可努的有聲書，電柯受仁致謝	
02/19	屏東縣警察局吳怡賢警務員傳真施正木資料 完成給施正木採訪大綱，寄給攝影邢定威（阿威） 完成訪談整理的重要記錄	

時間	一步一腳印	備註
02/20	請出版社寄《警察故事第二集》給余麗娟二十本、施正木二十本、葛煌光十五本、曾輝宗二十本 攝影搭檔阿威完成施正木拍攝腳本 寄腳本和大綱給施正木，電高褚衍平、杜振昌問年籍，電老葛，要地址寄書給他，電余麗娟，和她討論採訪大綱，老婆傳來修改施正木內容	阿威腳本做得簡潔
02/21	阿威傳來黃俊明腳本，加上意見後傳給黃俊明參考	
02/22	阿威修改黃俊明腳本後傳回	
02/24	電黃俊明收到腳本，進行內容增補	追蹤
02/21~23	參加不同聚會，說故事給陳清祥處長、李儒林、熊秉元老師、吳思陸局長、EMBA同學吳宏淼、老婆分享，都表示有興趣，對我很大鼓勵	
02/25	阿威傳來余麗娟腳本，轉傳給余，希望她能多找些實際故事，余傳真訪談資料背景	追蹤
02/26	余麗娟修正腳本傳回，傳給阿威參考	
02/27	電警政署督察室科員黃秋霞，請她傳訪談名單，並交換意見	
02/28	阿威傳來登山客守護神腳本	
02/29	上網看溫英傑資料	初步認為可做

時間	一步一腳印	備註
03/01	發信給余麗娟請她找案例故事 晚上開始細讀撒可努札記，並做記錄	撒可努是個詩人
03/02	開始把心得採訪做分類整理，初步完成	整合很重要
03/03	電阿威，請他看溫英傑資料 電黃秋霞科員，協助下星期採訪溫英傑 影印撒可努札記，阿威傳來老葛腳本	
03/04	電溫英傑寄《警察故事第二集》給他，並約定採訪時間	
03/05	黃秋霞再補傳來資料	
03/06	傳腳本給老葛，給黃俊明寫信 阿威傳來撒可努腳本	追蹤
03/07	修改撒可努腳本，電獵人學校老莫、撒可努他們幫溪州部落北上抗爭 電楊坤樺，請他協助採訪事宜，他同意書寫內容 電施正木追蹤腳本採訪內容 將溫英傑資料傳給阿威 黃秋霞傳來另二名人選	追蹤

第三趟：採訪施正木故事　二〇〇八年三月十日至二〇〇八年三月十五日共六天

時間	一步一腳印	備註
03/10	到嘉義阿里山找溫英傑做前置作業採訪，住一天，溫意願不高	決定不做
03/11~14	上午十一點出發到屏東縣找施正木，約下午四點多到，住牡丹鄉民宿三天，訪問了古英勇長老、蕭世光牧師和邱秀妹師母、教會人員、施正木家人、李俊儒組長等人 住施正木家一天，和他上山採訪	到屏東採訪施正木 第二趟
03/15	從屏東開了六小時車回台北	
03/16	做採訪記錄整理，聯絡拍DV的人選，並傳資料給對方，電吳政男幫忙配樂部分，發信給牧師和師母	
03/18	電連崇凱再談DV拍攝的事，剪成每人五分鐘帶子 電余麗娟安排拍攝時間，聯絡不到黃俊明，電師母	開始寫施正木文章
03/19	修改施正木文章更動很多，寫時精神一定要好，可以改的空間很大 電撒可努，認為他的札記可出詩集 決定用老婆取的書名《獵人警察》	
03/20	聯絡上黃俊明，明天會傳相關資料給我	
03/21	看阿威拍的古英勇長老訪問，內容可再加強 黃俊明來信，三月二十九日要去太武山尋根	

時間	一步一腳印	備註
03/22	施正木初稿完成	最先撰寫完成施正木故事
03/23	老婆和女兒修改施正木初稿，給我很多好意見	
03/24	完成獵人警察大綱 余麗娟來信，約採訪日期四月三日至六日	
03/25	和警政署黃秋霞聯絡，傳資料和大綱給她 回信余麗娟 請阿威聯絡拍攝影片的人	

第四趟：尋根、採訪黃俊明、余麗娟、高褚衍平、楊坤樺完成余麗娟初稿

二〇〇八年三月二十六日至二〇〇八年四月十一日共十六天

時間	一步一腳印	備註
03/26	出發到台東夜宿市區內	
03/27	在台東市和多年老友陳義山見面 到歷坵派出所採訪黃俊明 採訪羅伯伯、楊秀英、張玉山，宿歷坵派出所	到台東採訪黃俊明
03/28	採訪呂憲明，宿歷坵派出所	特別的人

時間	一步一腳印	備註
03/29	尋根，睡溪谷	挑戰
03/30	尋根回來，在賓茂社區活動中心辦隆重晚會 宿歷坵派出所	歷史性日子
03/31	警政署長侯友宜批示，各警察局全力支援我們採訪	
04/01	從台北回台東請地方人士吃飯，宿歷坵派出所 電署長侯友宜道謝	
04/02	採訪黃俊明和他的主管，離開歷坵前去看呂憲明和張玉山，宿知本警光山莊	結束黃俊明採訪 共六天
04/03	開始做余麗娟故事，到台東縣警局採訪余的同事 陳義山請吃飯，宿知本警光山莊	開始採訪余麗娟
04/04	到關山警分局採訪余麗娟同事邱貞菊、張能為 到鹿野高褚衍平家中訪問，宿知本警光山莊	
04/05	採訪余麗娟，宿知本警光山莊	
04/06	上午到晨光之家採訪 下午到余麗娟家中採訪，宿知本警光山莊	余麗娟採訪結束
04/07	阿威回台北 我留在知本警光山莊撰寫余麗娟故事	撰寫余麗娟故事

04/08	撰寫余麗娟故事，宿知本警光山莊	
04/09	撰寫余麗娟故事，謝秀能副署長來台東開會 在知本警光山莊訪問楊坤樺，宿知本警光山莊	
04/10	完成余麗娟初稿，宿知本警光山莊	完成余麗娟初稿，共花四天
04/11	去台東分隊找撒可努未遇，回台北，車放在台東	

第五趟：補施正木內容，預定上嘉明湖天氣不好改期
二○○八年四月十四日至二○○八年四月十九日共六天

時間	一步一腳印	備註
04/14	出發到屏東補採訪施正木	到屏東採訪施正木（第三趟）
04/15	離開屏東施正木家，到恆春採訪，宿知本警光山莊	
04/16	看阿威拍的照片，去找黃俊明等人，宿歷坵派出所	
04/17	取得丁長老拍的尋根錄影帶，看了部分，宿知本警光山莊	
04/18	宿關山分局宿舍，和高松文見面	
04/19	預定上向陽派出所到嘉明湖，天氣不好開車回台北	

時間	一步一腳印	備註
04/20	讀楊南郡《生蕃行腳》一書	
04/21	修改警察故事大綱，連同余麗娟初稿一起傳給陳清祥處長，和他吃飯，送他阿山的木雕	
04/22	一、整理日誌，把相關記錄，轉到每一故事主角身上，整理過程很有趣，會增修補充內容，想法也會跳出來 二、把心得感想和感思從札記挑出來，也許這本書寫完後，或我再進行水之涯的書寫完後，可以把學習之旅心得做綜合，出一本「山之顛、水之涯」札記，那肯定有趣，一個記者反思和學習 三、另找到過去所讀的幾本書可以參考，現在所在做的事，很多人，過去都已開始做覺醒和學習之旅，在國內外也所在多有，只是每一個人進行和呈現的方式不同，但意義和本質卻是相同的	想法很重要
04/23	整理黃俊明稿件，重要的一天 導讀，切割札記心得，完成張玉山部分	
04/24	重要的一天，記錄和整理，且找出新的寫作方法 尋根部分，做《生蕃行腳》一書記錄	找出新的寫作方法
04/25	整理呂憲明內容，未做完 閱讀和摘錄《語言的死亡》一書	
04/26	語言死亡內容修改	

時間	一步一腳印	備註
04/28	整理完呂憲明故事	
04/30	開始寫黃俊明主稿，不順	
05/02	聽楊秀英錄影帶做記錄	
05/03	黃俊明故事修改	
05/04	撰寫黃俊明大姑媽故事	
05/05	看黃俊明影帶，寫出他故事大綱	
05/06	整理出黃俊明故事主文，阿威拿整理好照片來	
05/07	重修施正木故事，列印黃俊明故事	
05/08	黃俊明故事修改	
05/09	黃俊明故事前半、呂憲明故事、尋根三部分修改（已改三次）	
05/10	張玉山故事修改	
05/11	修黃俊明故事前半部完成，整理後半部故事	
05/12	黃俊明故事修改，有了新的連結	

時間	一步一腳印	備註
05/14	完成黃俊明故事和呂憲明部分	
05/15	完稿：黃俊明故事，並傳給他	黃俊明初稿故事花一個月
05/16	阿山和尋根故事修改，並列印	

第六趟：採訪向陽派出所登山客守護神故事，前進嘉明湖
二〇〇八年五月十七日至二〇〇八年五月二十四日共八天

時間	一步一腳印	備註
05/17	到台東採訪登山客守護神 宿南橫中段寶來派出所	登山客守護神採訪開始
05/18	到台東縣桃源鄉訪問高松文、杜振昌 宿向陽派出所，已來第二趟，還是下雨	第二次到向陽派出所
05/19	從向陽派出所下到利稻派出所採訪高松文 宿向陽派出所	
05/20	雨中出發前往嘉明湖，夜宿第二避難向陽山屋	前進嘉明湖

時間	一步一腳印	備註
05/21	出發後阿威中途高山症，請高褚和張能為護送他撤退，我和高松文繼續前往嘉明湖，完成採訪 平生最高記錄，爬上三千五百公尺高中央山脈上的向陽山，赴嘉明湖目的地 當日嘉明湖往返，回到向陽派出所，單日走十一小時平生最高記錄 宿利稻派出所	到達嘉明湖，完成單日爬山十一小時，創下記錄
05/22	宿關山警分局宿舍，身體不適，體力透支	
05/23	宿花蓮新光兆豐農場	
05/24	回台北	
05/26	上網看嘉明湖資料	
05/27	上網看嘉明湖、獵人精神、印地安人精神資料，並做整理	
05/28	破題，寫「登山客守護神」故事	開始寫登山客守護神故事
05/29	收到余麗娟和黃俊明增補的內容 把守護神初稿架構搭好	
05/30	絕地大反攻，寫好杜振昌收養孩子部分 重新用山難故事，起了守護神故事的開頭	
05/31	再修改守護神故事	

時間	一步一腳印	備註
06/03	列印守護神故事做比對和修改	
06/04	守護神初稿出爐	
06/05	黃俊明故事修改，覺得內容好硬，要把稿件合併 完成守護神初稿故事 整理採訪大事紀	完成登山客守護神初稿故事
06/06	再開始讀撒可努札記	
06/07	讀撒可努札記並做記錄，找到獵人精神出處，和他成立獵人學校宗旨，並擬了些問題預做採訪	
06/08	守護神故事修改，較滿意 要熟讀撒可努的書，並做記錄，精神盡在其中，閱讀他的作品，是最直接進入他精神核心，最能瞭解他的背景、所想和脈絡 整理好撒可努札記七本，明天去列印，有空一定要再看，做記錄 目前很重要的是把獵人和精神定義寫出來	
06/09	修改登山客守護神故事 Mail給吳宏淼和陳清祥處長文章 讀撒可努最後二本札記，並影印完成 電撒可努和余麗娟，明日出發前往台東採訪	翻閱完撒可努札記並影印

第七趟：補做余麗娟題目，補黃俊明照片，採訪撒可努
二〇〇八年六月十日至二〇〇八年六月二十日共十一天

時間	一步一腳印	備註
06/10	把車交給阿威他先出發到高雄，在家修改撒可努札記和採訪題目，並把獵人精神重修、列印，搭下午飛機到高雄和阿威會合 高雄市警察局長蔡俊章和大隊長周幼偉請吃飯，局長送畫冊，宿漢來飯店	第七趟出門採訪
06/11	到高雄師範大學拍攝和採訪，余麗娟研究所同學和老師，晚上六點，和阿威、余麗娟從高雄市開車到台東知本已經晚上十一點，麗娟先生李建宏來接，宿知本警光山莊	到高雄師範大學採訪
06/12	到撒可努家還札記 到台東縣政府和台東縣警察局採訪 宿知本警光山莊	
06/13	上午到晨光之家採訪牧師和師母 下午和撒可努進金針山，在山上住了一晚	開始採訪撒可努（第三次） 夜宿金針山
06/14	下山，去聽撒可努演講 宿知本警光山莊	聽撒可努演講
06/15	做撒可努在金針山上的對談記錄 和余麗娟做最後一次訪談 晚上到拉勞蘭部落，花蓮海星中學前來部落遊學訪問部落年輕人 經典一句「你不瞭解我的明白」 宿知本警光山莊	

時間	一步一腳印	備註
06/16	做撒可努記錄和余麗娟對談記錄 撒可努開車載我們去屏東古樓採訪烏賈斯，滂沱大雨 回程到張玉山家喝杯茶 宿知本警光山莊	赴屏東採訪撒可努友人烏賈斯
06/17	到撒可努家山上拍合照 撒可努開車載我們前往關山初來林班地現場，目睹牛樟樹被盜採慘狀，爬山兩個半小時 到關山和利嘉採訪山上勤務，看到撒可努弟百勝 在撒可努家吃飯 晚上到知本雕刻家伊覓家中喝茶、喝酒 看到經典一句： 你的家　背山　面向海 你的心　自在　像海浪 你的手　粗糙　有力量 我的心　想你　對不起 宿知本警光山莊	
06/18	做撒可努昨日帶我們去山上採訪記錄 阿威拍太麻里日出照片 到撒可努家翻拍照片，下午四點多結束離開 宿歷坵派出所	結束撒可努採訪

時間	一步一腳印	備註
06/19	在壢坵和黃俊明、呂憲明做校稿和補採訪 請黃俊明表弟畫了張獵人像 下午近四點離開壢坵 到屏東縣警察局，局長陳家欽請吃飯 晚上十一點在屏東縣警察局，採訪烏賈斯和陳鳳鳳，到凌晨一點	
06/20	從屏東回台北，這趟出門第十一天	採訪全部結束
06/21	說撒可努偷西瓜故事給EMBA同學聽，說得淚都忍不住掉下來	
06/22	給陳鳳鳳發信謝謝她，讀撒可努《走風的人》一書	
06/23	撰寫撒可努三個感人故事，整理獵人精神，修改金針山故事，做採訪行程記錄 晚上聽烏賈斯、陳鳳鳳訪問帶子，邊做記錄	開始撰寫撒可努故事
06/24	搭飛機到台東，幫張玉山看多良部落的地 宿壢坵派出所	
06/25	到呂憲明台東家聊天，從台東搭機回台北	
06/26	阿威來拿守護神照片回去重修	
06/27	讀三名研究生以撒可努為題的三本論文	
06/29	EMBA校長成中英回台上課，建議我把書做成錄影帶	成中英校長建議把書的內容做成影帶

時間	一步一腳印	備註
06/30	研讀用撒可努做研究的三本論文 和成中英校長吃早餐，請他幫書寫序文	請校長寫序文
07/01	把寫書的大綱和名單重新整理，交給校長 到中壢中央大學聽校長演講	
07/02	研讀用撒可努做研究的三本論文	
07/03	修改撒可努現場直擊故事	
07/04	晚上記錄撒可努論文，並思考那些內容是我想做的	
07/05	重要一天，失去的感覺回來了，把新想法記錄下來	
07/07	重讀《奈思比十一個未來定見》書	
07/08	書有些新想法，應該把故事主角不完美的部分也寫出來 父親中風住院回桃園	
07/09	修改和寫第一部稿件	寫第一部稿件
07/10	重讀《成功長青》書	
07/12	新想法，應該再回到故事主軸上	

時間	一步一腳印	備註
07/13	晨再修撒可努故事現場直擊故事 再體認回到原點把故事寫好，把基本盤做好	
07/14～15	讀《做對決斷》書	
07/16	再修撒可努現場直擊，再修改感人故事 記錄《走風的人》一書，摘錄部分文章內容，加入直擊文章中 阿山送木頭到桃園，宿桃園	
07/18	發信給撒可努	
07/19	寫書的事不能遲緩，一定要有時程，一篇完成就要開始找人編，吳宏淼建議和三采談談 第一部還是要用建構方式，但字數不宜多，宜控制好，應該在五千字以內 寫信給烏賈斯	
07/27	讀組織大師韓第《你拿什麼定義自己?》書	
07/29	讀《最後一場演講》書	
08/04	再開始做撒可努記錄 把撒可努要寫的內容再做確定	
08/05	重新找回寫書感覺的一天，多了很多感受 做記錄：《走風的人》、論文、《成功長青》、新想法	

時間	一步一腳印	備註
08/06	讀完《最後一場演講》書	
08/09	把最後一場演講中的相關內容，加到撒可努故事中 修改、整合、撰寫撒可努故事，未組織起來，字數已近七千字	
08/11	撒可努到保一總隊拍照，請總隊長黃俊宏看撒可努初稿，也把《未曾遺忘的兄弟》影帶拷貝給他，送他《最後一場演講》書	撒可努來保一總隊拍照
08/12	電阿威討論書的事，有些新想法，撒可努獵人學校部分有譜了	
08/13	寫撒可努獵人學校故事 撒可努故事起頭如何寫，用力思索	
08/14	撒可努獵人學校故事修改	
08/15	發信給同學宏淼，把書的初稿發給他看	
08/16	和宏淼、家聲老師一起在大安森林公園走路，談書的事，老師提些建議 整理文章，重讀登山客守護神和撒可努文章，寫烏賈斯主文	
08/17	開始修改烏賈斯故事，完成 和老婆討論撒可努文章順序分配 讀撒可努論文等資料 陳家聲老師看撒可努片子，很感動，他建議把先人生活智慧和價值觀做比較	

時間	一步一腳印	備註
08/18	和EMBA同學討論書的事 阿威拿撒可努照片過來	
08/19	施正木故事重修 電阿威請他快處理其他照片，星期五要和宏淼討論照片	
08/20	讀《羅傑斯給女兒的十二封信》書 修改施正木故事前半段，刪除後半段部分內容	
08/21	完成施正木增補故事，黃俊明故事再修	重修黃俊明故事
08/22	修改並列印黃俊明故事，再重讀尋根	
08/24	重讀第一部內容，結構都已出來，再精細一點，再加進些內容 列印書的故事、第一部、序曲和大綱，和宏淼在咖啡廳見面討論，他是有創意和觀點的，很多好意見	
08/25	黃俊明故事再改，把內容重修，尋根補進去	
08/26	整理書的內容，很瑣碎，第一，把要寫的綱要挑出來，第二，把獵人精神做一個綜合，第三，把電腦上檔案做整理 下午，把書檔案各部內容做整理歸類，重複的去除	
08/27	收到同學轉來修改黃俊明故事	黃俊明故事完成

時間	一步一腳印	備註
08/28	把登山客守護神一篇重新校訂，加進高褚衍平收養女兒故事 重讀黃俊明故事，知道從那裡修改起，明天一定要完成	
08/29	同學傳回黃俊明故事，我再重修到四點多完成 把登山客守護神故事寄給同學修改 請余麗娟補內容，寄二篇完成的故事給她參考	
08/31	黃俊明故事做最一次修訂，下午終告完稿 修登山客守護神，同學傳回來增訂內容，完成	完成登山客守護神故事
09/01	施正木故事修改，順序調了一下，很快整理出輪廓 把余麗娟相關資料調出來閱讀，部分內容重新組織到主文裡	
09/02	施正木故事修完，傳給同學訂正 修改余麗娟故事，如何做她的故事，先看過拍的影帶，再把大綱列出來	開始修改余麗娟初稿故事
09/03	整理組織撒可努故事 和同學討論施正木故事	
09/04	同學傳來施正木修訂故事，改得很細很好 列印撒可努和施正木故事	
09/05	施正木故事正式完稿 電施正木，傳故事給師母請她代轉，也傳給阿威	完成施正木故事

時間	一步一腳印	備註
09/06	寫撒可努故事起頭，睡前讀撒可努論文，有很多可以參考	
09/07	撒可努故事寫時，假設多數人是不認識他的，要從大家不認識他的角度來寫故事，而不是像我已很熟悉了，這是一定要避免的。就像投入很深，但寫時一定要先跳開抽離，中間再投入，能夠入而復出，文章才會有共鳴。論文裡面還是有可以參考的，獵人學校部分，他為什為要回來帶部落小孩，成立青年會，台大吳宜瑾論文有很多可以參考	
09/08	撒可努故事完成三分之二	
09/09	撒可努故事初稿完成	
09/10	同學回傳撒可努故事	完成撒可努初稿故事
09/11	讀阿木修改的故事 重讀自己撰寫撒可努的心得和對談記錄	
09/12	完成撒可努故事，並傳給他修訂 修施正木、黃俊明小檔案	
09/13	刪了余麗娟主文不要部分，並再整合每一區塊	
09/14	修改余麗娟故事工作部分	

時間	一步一腳印	備註
09/15	改余麗娟進修和家人部分，完成初稿	
09/16	余麗娟家人、進修部分完成 余麗娟故事最前面主文完成 到木柵找阿威看照片 看六月舊札記，把最後一趟採訪余麗娟和撒可努的心得，摘錄下來，尤其是她老師的觀點	
09/17	改余麗娟進修部分故事，把謝臥龍老師說的內容加進去 馬懷仁來電，讀了傳給他的文章，忍不住打電話來和我分享 看DV拍攝晨光之家的內容	
09/18	到台中李穀摩家，大師建議用《獵人》書名	
09/19	聽「泰美族」的訪問，並開始記錄撰寫，但很奇怪心裡很浮動，搬回台北	
09/20	石詠琦老師利用休息時間，給我寫的新書指導，她給我很多中肯意見： 一、結果先出來，再看內容，要精彩 二、說明比較性的結果 三、沒有人在關切這人和事 四、人的特殊性 五、採訪經驗	

時間	一步一腳印	備註
09/20	我做的案例故事是那五個，他們做什麼，比較下來和一般警察不同的事，值得我們學習和深思在那裡 一、沒有人寫過，奉獻度、最特殊的是什麼 二、最吸引人，在封面，書的特色在封底 三、介紹族別、地理位置、年譜	
09/22	發信撒可努、黃俊明 聽「泰美族」帶子，撰寫晨光之家故事，很累，感觸不多 馬懷仁、吳宏淼來家裡看照片	
09/23	寫晨光之家 把余麗娟故事傳給阿威	
09/24	高松文傳來楊坤樺小檔案 中午完成余麗娟故事，傳稿件請她和同學校稿 電同學周嘉莉請教日文版問題	
09/25	撰寫和修改第一部稿件 看《奇葩與怪傑》書，做記錄 檢視札記，從今年三月開始，摘錄下來，做第三部撰寫準備	
09/26	修第一部稿件 中午出發，到屏東參加麻里巴狩獵祭比賽，宿牡丹民宿	第八趟出門採訪

第八趟：採訪麻里巴狩獵祭，補黃俊明、撒可努內容，補拍晨光之家照片，到關山警分局

二〇〇八年九月二十六日至二〇〇八年九月三十日共五天

時間	一步一腳印	備註
09/27	到派出所和阿木校稿，列印給古英勇長老看文章 到恆春河谷中採訪麻里巴狩獵祭 請雕塑家楊浩繪獵人封面他答應一試 從屏東到台東一小時 宿歷坵派出所，黃俊明校對圖說 和阿威修改了撒可努圖說	
09/28	修改施正木故事，加進去麻里巴狩獵祭和瑪沙露樂團內容 改黃俊明故事補做第一部訪問，阿威補拍照片 阿山送我們時鐘 到撒可努家校對圖說，下午再改內文，他也找到感動地方 宿知本警光山莊	
09/29	到台東市晨光之家補拍照片和校對故事 曾輝宗校對登山客守護神圖說，還幫我們加小標題 宿關山分局宿舍	
09/30	曾輝宗陪同找楊坤樺拍照被拒 回台北到宜蘭看林昆煌局長和副局長朱鴻達	第八趟採訪結束

時間	一步一腳印	備註
10/01	到三采談書的事和發行人、總編輯見面 請警政署長王卓鈞寫序文	請警政署長王卓鈞寫序文
10/02	發信給三采和書的相關人，並回信她們的疑慮 請警大校長侯友宜寫序文	請警大校長侯友宜寫序文
10/03	發信給書中主角，請他們撰寫各人心得約四百字，並做地理位置圖	
10/04	收到余麗娟校正的故事 和胡忠信見面，請教書的事	
10/05	和EMBA同學觀賞撒可努的DVD	
10/06	修改第一部 看余麗娟修改後的故事，定稿 阿威、小馬哥見面，看照片和談書的事 官政哲主任來電，瞭解書的內容 到陳清祥處長公司，看照片和談書內文修改	完成余麗娟故事
10/07	回陳處長電話，請他再讀三篇故事 發信給阿威請他把照片修完整，和該做的調整 余麗娟傳來小檔案 修改第一部稿件 整理採訪大事記，把札記書的內容摘要補進文章 到警政署和官政哲見面，給他看照片	

時間	一步一腳印	備註
10/07	和印刻出版公司張書銘見面談出書的事	和印刻出版公司張書銘見面談出書的事
10/08	電張書銘談書的事	
10/09	回信給黃秋霞和三采出版社總編輯雅青	
10/10	官政哲請同事讀我的文章，擇日再做心得報告	
10/12	重修第一部稿件 我發現很多事情真的不能埋頭苦幹，聽別人意見是很重要的，別人宏觀看法會彌補我主觀觀點 今天最大成果：結構變了，加進去小標題，把軟性的筆調加進了，把不完美部分也帶進去，這會讓第一部文章看起來更具說服力 整理第三集故事，所有主角的小檔案都完成了	
10/13	開始撰寫第二部七項特質	撰寫第二部七項特質
10/14	電同學呂東熹，傳故事和大綱給他參考 請阿威做三十張的綜合照片簡介 阿威對序曲的作法肯定，也對採訪大事紀感興趣	

時間	一步一腳印	備註
10/15	修第二部稿件 上網看總裁學院電子報，找相關資料做文章輔助 許頌嘉傳來施源欽照片	
10/16	台視王正毅來電，要我提供書故事，給他們做新聞專題拍攝 修改第二部稿件	
10/17	修第二部七項特質	
10/18	陳清祥處長要我參考《最後一場演講》書裡面的小標題，做得很清楚	
10/19	書標題要很清楚，而且契合內容和主題，論述有據	
10/20	修改第二部七項特質 改標題，傳序曲和第二部內容，給官政哲、陳處長、警大校長室等人	
10/21	修改五篇故事小標題，序曲、第二部主文 和陳處長討論修改文章，書名建議為《警察與獵人》	
10/22	看過去札記，從中找到了很多精彩內容，分別補進序曲和第二部，和施正木故事 再修改序曲和第二部七項特質，完成 再修五篇故事小標題和小檔案，完成	一、完成開卷、序曲和第二部七項特質 二、再修五篇故事小標題和小檔案，完成

時間	一步一腳印	備註
10/22	把書全部文稿傳給陳清祥處長，請他代轉給成中英校長寫序文	三、寄書的文章，請成中英校長寫序文
10/23	傳稿件給印刻出版公司 請原委會主委章仁香寫序，寄文稿給她並寄了警察故事一、二集書 電宏淼，請他做第二部七大生命特質圖表	
10/24	和台視王正毅聯絡拍攝新聞專題的事 官政哲來電下星期二下午討論書的文章 黃秋霞來電，林進元所長想看文章，再傳全部文章給她，並請她轉給金浩明組長和何海民主任 阿威下午來把照片輸給我	
10/25	整理採訪大事紀 老婆修序曲和第二部七項特質 陳清祥處長請我再補資料給校長	
10/26	給成中英校長補寄內容，請處長轉	
10/27	宏淼認為，第二部文章力道不夠 修改完五篇故事圖說回傳給阿威	

時間	一步一腳印	備註
10/28	同學傳來修改的第二部文章 警政署開讀書會討論我文章，給我很多中肯建議 成陽出版公司編輯鄭嫦娥討論編書的事，並轉資料給她	
10/29	整理採訪大事紀 警政署傳來讀書會的綜合參考資料，整併到故事中 修改第二部結尾 電請李轂摩大師為我撰寫書名《獵人》兩個字 電施正木請他找一張當地的導覽圖	
10/29	電書銘，建議書用大本一點的 陳清祥處長傳來成中英校長序文，讀了很感動 和TVBS同事消夜，並轉交一套書的文稿給他們	
10/30	編輯來電，討論書缺少的內容和編排方式，確定導覽放文章故事後面 去台視和王正毅、胡佳君見面，看了文章和照片	
10/31	台視來電，向我要拍的尋根帶和訪問帶 施正木來電，下星期台視三、四要去訪問他 電余麗娟，敲定下星期四上午拍照 處長請我寫誌謝，電宏淼畫七大特質	
11/01	電麗娟、撒可努、高褚、松文、俊明，請他們十一月十三日上午到關山警分局集合，拍大合照	

時間	一步一腳印	備註
11/01	給余麗娟傳文稿，再改校長序文，回傳給陳處長 給師母發信道謝，並傳序曲和第二部文稿 給俊明傳序曲和第二部文稿	
11/02	余麗娟傳來台東導覽圖，整理後傳給編輯 給黃秋霞科員發信，拍大合照的事	
11/03	電黃秋霞請託拍照的事，電編輯傳導覽照片 宏淼電七大特質順序要改，並傳來改過的圖表	
11/04	修改余麗娟傳來修改的主文、小檔案、第二部內容，再傳給編輯 寫作者序、修改校長序文 官政哲傳來署長王卓鈞序文 請李轂摩大師寫《奇努南》書名	
11/06	修改誌謝	
11/07	兒子和女兒都認為書名用「奇努南」比「獵人」好 修改了序曲的標題改成一行 修改目錄，做成檔案 熊老師來電，給我文章兩點建議	
11/08	和阿威選書的照片，花了近五小時完成，挑出近一百三十張照片 把選定的照片圖說重修，傳給阿威	完成書的照片挑選

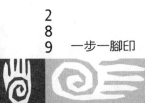

時間	一步一腳印	備註
11/10	把小標題做成目錄 把阿威傳來的圖說故事編號和圖說編號建檔 到出版社和編輯、美編討論書的編排 警大校長傳來序文	

第九趟：到台東縣關山拍故事主角大合照

二〇〇八年十一月十二日至二〇〇八年十一月十四日共三天

時間	一步一腳印	備註
11/12	搭飛機到台東，看拍照地點，夜宿關山警分局宿舍	
11/13	第三集故事主角都來了，拍了大合照，圓滿結束 從台東搭火車到高雄，夜宿高雄	
11/14	回台北、侯友宜傳來重修的序文	

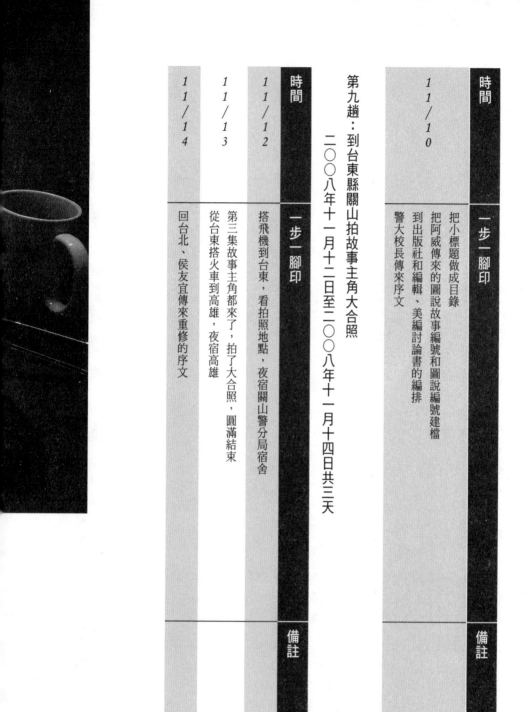

誌謝

張道藩

這一年來知道我在進行這項採訪的朋友，都說很辛苦啊！但我從來沒一絲這種感覺，「這是我的選擇」，我一點也不以為苦，而且充分感受到去做一件自己喜愛的事是多麼的快樂，在這裡要謝謝我家人和所有好友、長輩的關心。

我的攝影搭檔邢定威，他和我放下一切，用近一年的時間完成這本書，需要決心和毅力，非常謝謝他的配合和支持。

這一年我有將近七十多天的時間在東部採訪，父親中風我搬回桃園陪父母，住了將近三個月，沒有我的妻子范玫玫支持，我是不可能同時放下心做那麼多事的，並完成這本書。周圍的朋友都說：「大嫂很不了起」，確實如此，謝謝老婆。還有那一對永遠獨立的女兒歆珧和兒子明遠。

我的二姊張苓麗和二姊夫劉志成，代我們兄弟照顧父親，讓我能順利完成這本書，非常感激。

書中故事的每一位主角和他們周邊的朋友，都已成了我心靈最好的良師益友，回台北後，有一段時間，老婆看我發愣，問我：「是不是在想台東的朋友」，她真是看穿我的心。

要感謝他們誠心的待我，豐厚了我的內在，讓我真正瞭解，如何真誠的待人，這是我這一年來最可貴的資產，這本書也是獻給在東部所有的朋友，你們都長駐我心中，也祝福你們。

特別要提的是，台東縣警察局長王榮忠，他多次來知本警光山莊探視我，還親自到池上檢查哨，說服楊坤樺警察同仁接受我的採訪，我銘記於心。屏東縣警察局前任局長陳家欽大力協助，提供場所供我們採訪和住宿。台東縣警察局關山分局副分局長曾輝宗，是我們採訪的最大貴人，他熱忱協助是支持我們一路走來最大的動力。

我目前就讀的「美國國際東西大學全球領袖管理學院ＥＭＢＡ」校長成中英、陳家聲老師、熊秉元老師、洪明洲老師、石詠琦老師、林明杰老師、處長陳清祥，同學吳宏淼等人，多次和我討論書中的內容，提出精闢見解和建議，是成書的幕後關鍵。

陳清祥處長和同學吳宏淼所費的心力，更是讓我倍感溫暖，書中處處都有他們心血的痕跡，書名《奇努南》就來自宏淼的巧思和構想，他完全參與了這本書，他們把我的事完全當成自己的事，再一次致謝。

保一總隊總隊長黃俊宏、警政署秘書室前主任官政哲、督察室主任何海民、組長金浩明、科員黃秋霞，警光雜誌社長陳瑞南，警廣記者陳添喜，警察大學教授葉毓蘭、校長室秘書曾招雄，都是故事的來源、啟動者和推動者。

成中英校長、警政署長王卓鈞、警察大學校長侯友宜的序文，和隱居在草屯的書畫大師李轂摩，為書封面和內頁寫的書法《奇努南》、《獵人》，都更豐富和提升了這本書的內容和價值，我何其有幸，再向這些敬愛的前輩致謝。

印刻出版公司發行人張書銘，是我見過最敦厚的文化人，做事認真、用心，他優秀的團隊主編鄭嫦娥、美編陳淑美的用心和耐心，做好這本書的精神更讓我感佩。

以下是過程中協助和關心的朋友，一併致謝：

警政署公關室、警政署秘書室、中央警察大學、警察專科學校、警光雜誌、美國國際東西大學全球領袖管理學院全體老師同學、盧毓鈞、陳璧、宋安濫、洪勝堃、蔡俊章、于建中、蔡義猛、陳嘉昌、黃宗仁、林世當、莊清賢、施源欽、王隆、陳瑞通、吳幸仁、林文全、歐陽立青、林進元、李莉娟、何正成、高建源、周幼偉、孫太康、黃勢清、金耀勝、翁大銘、李相臣、朱鴻達、吳崇榕、李德威、吳怡賢、許呈傑、廖材楨、余輝茂、潘志成、李民勝、黃富村、葉權廣、陳健雄、呂春來、楊美芳、林康屏、王俊琪、葛煌光、胡忠信、呂東熹、陳建州、瑪拉歐斯、葉海瑞、曾福灶、李健芳、吳政男、李振源、李業隆、徐月娥、曾子逢、莊坤坪、柯受仁、洪壽嶺、張仲康、林進丁、蔡合順、李國書、鄭心媚、楊浩、陳義山、胡佳君、王正毅、歐懿慧、孫嘉蕊、周詩淵、黃秀卿、陳贊文、王萬來、李麗華、陳鳳鳳、王偉鑑、王學呈、賴偉峰、黃國倫、許元彬、蕭聰源、林國平、王瑞松、張榮良、曾家璋、詹志忠、麥延祚、康宗顯、許頌嘉、李儒林、許哲昌、陳文德、劉麟祥、林昌明、周康生、馬懷仁、陳雅琳、林毓芝、高意淳、吳宜瑾、張芝菁、施志茂、林正盛、鮑秀芬、陳萬源等人。容有疏漏，尚請見諒。

INK PUBLISHING 經商社匯 19
警察故事3 奇努南

作　　者	張道藩
攝　　影	邢定威
總 編 輯	初安民
主　　編	鄭嫦娥
版面構成	陳淑美
校　　對	張道藩　邢定威　呂佳真
發 行 人	張書銘
出　　版	INK 印刻出版有限公司 23586台北縣中和市中正路800號13樓之3 電話：02-2228-1626 傳真：02-2228-1538 e-mail:ink.book@msa.hinet.net http://www.sudu.cc
法律顧問	漢廷法律事務所 劉大正律師
總 代 理	展智文化事業股份有限公司 22047台北縣板橋市松江街21號2樓 電話：02-2251-8345 傳真：02-2251-8350
郵政劃撥	19000691 成陽出版股份有限公司
印　　刷	海王印刷事業股份有限公司
出版日期	2009年1月初版

ISBN 978-986-6650-03-1

定價　350元

國家圖書館出版品預行編目資料

警察故事. 3, 奇努南 / 張道藩著；邢定威攝影.
-- 初版. -- 台北縣中和市：印刻, 2009. 01
304面；17×23公分. --（經商社匯；19）
ISBN 978-986-6650-03-1（精裝）
1.警察 2.台灣原住民 3.台灣傳記

783.32　　97025113

INK INK INK INK INK INK INK
INK INK INK INK INK INK
INK INK INK INK INK INK INK
INK INK INK INK INK INK
INK INK INK INK INK INK INK
INK INK INK INK INK INK
INK INK INK INK INK INK INK
INK INK INK INK INK INK
INK INK INK INK INK INK INK
INK INK INK INK INK INK
INK INK INK INK INK INK INK
INK INK INK INK INK INK
INK INK INK INK INK INK INK
INK INK INK INK INK INK
INK INK INK INK INK INK INK
INK INK INK INK INK INK
INK INK INK INK INK INK INK
INK INK INK INK INK INK
INK INK INK INK INK INK INK
INK INK INK INK INK INK
INK INK INK INK INK INK INK
INK INK INK INK INK INK
INK INK INK INK INK INK INK
INK INK INK INK INK INK
INK INK INK INK INK INK INK
INK INK INK INK INK INK
INK INK INK INK INK INK INK
INK INK INK INK INK INK
INK INK INK INK INK INK INK

INK INK INK INK INK INK INK
K INK INK INK INK INK INK IN
INK INK INK INK INK INK INK
K INK INK INK INK INK INK IN
INK INK INK INK INK INK INK
K INK INK INK INK INK INK IN
INK INK INK INK INK INK INK
K INK INK INK INK INK INK IN
INK INK INK INK INK INK INK
K INK INK INK INK INK INK IN
INK INK INK INK INK INK INK
K INK INK INK INK INK INK IN
INK INK INK INK INK INK INK
K INK INK INK INK INK INK IN
INK INK INK INK INK INK INK
K INK INK INK INK INK INK IN
INK INK INK INK INK INK INK
K INK INK INK INK INK INK IN
INK INK INK INK INK INK INK
K INK INK INK INK INK INK IN
INK INK INK INK INK INK INK
K INK INK INK INK INK INK IN
INK INK INK INK INK INK INK
K INK INK INK INK INK INK IN
INK INK INK INK INK INK INK
K INK INK INK INK INK INK IN
INK INK INK INK INK INK INK
K INK INK INK INK INK INK IN
INK INK INK INK INK INK INK